REFLETS CULTURELS DE LA FRANCE CONTEMPORAINE

D'APRES QUELQUES FILMS CHOISIS

Josette Hollenbeck

University Press of America,® Inc.
Lanham • New York • Oxford

Copyright © 1998 by
Josette Hollenbeck

University Press of America,® Inc.
4720 Boston Way
Lanham, Maryland 20706

12 Hid's Copse Rd.
Cummor Hill, Oxford OX2 9JJ

Library of Congress Cataloging-in-Publication Data

Hollenbeck, Josette.
Reflets culturels de la France contemporaine : d'après quelques films
choisis / Josette Hollenbeck.
p. cm.
1. French language—Usage. 2. Motion pictures—France. 3.
Motion pictures and language. 4. France—Civilization—20th
century. I. Title.
PC2460.H66 1997   440'.9'09045—DC21   97-31789 CIP

ISBN 0-7618-0947-3 (cloth: alk. ppr.)

TABLE DES MATIÈRES

PRÉFACE

Nous avons tous remarqué l'intérêt que de nombreux pédagogues apportent à la projection de films vidéo dans leurs classes pour améliorer l'enseignement des langues. Nous ne doutons pas qu'une sélection bien faite, bien préparée, et soigneusement présentée, permette d'agrémenter la matière ingrate que constitue l'acquisition du vocabulaire et de la grammaire. Le film peut ajouter un souffle de vie précieux, capable de stimuler tout d'abord la curiosité des élèves, et progressivement l'intérêt qu'ils apporteront à la langue et à la culture de la France et des pays francophones. Nous ne saurions voir aucun effet négatif à cette méthode d'enseignement. S'il y en avait, ils ne pourraient être imputés qu'à une préparation inadéquate. Ceci justifie peut-être, outre le souci que nous partageons tous de voir se répandre cet intérêt pour la langue et la culture françaises, notre empressement à écrire cet ouvrage. Notre intention est de mettre à la disposition des professeurs et de leurs élèves un outil, conçu uniquement pour présenter et pour expliquer les différents aspects des valeurs culturelles françaises. Nous nous adressons tout particulièrement à ceux qui n'ont pas eu le privilège de se rendre en France pour parfaire leurs connaissances, pendant une période minimale d'au moins six mois.

Nous avons eu récemment l'occasion de travailler au sein du comité chargé de réviser le curriculum des élèves dont le français était la première option. Le temps qui nous est imparti pour compléter un programme d'études respectable dans un trimestre ou même un semestre universitaire étant très limité, nous avons jugé utile de demander à nos élèves de visionner des films au laboratoire de langues ou à la bibliothèque avant certains cours, afin de suppléer aux faiblesses de l'anthologie de la littérature par exemple, ou du livre de culture et de civilisation dont nous nous servons. Pour ce faire, nous avons eu le privilège de bénéficier de l'aimable coopération des services chargés des acquisitions de la bibliothèque, ce qui nous a permis d'acheter de nombreux films récents, de caractère historique, culturel ou littéraire. Ceci a considérablement enrichi la matière de nos cours. Nous demandons à nos élèves de visionner des films choisis à des dates précises. Ainsi ceux-ci ont reçu des impressions avant de se rendre en classe, des impressions qui sont alors discutées et expliquées, les relations entre les personnages et l'époque sont établies, et intégrées dans le cadre de l'évolution des idées, du climat littéraire et de la culture en général. Cette application nous a paru très bénéfique, bien qu'astreignante au niveau de la recherche. Il nous a fallu transcrire le script des films afin de déterminer d'une part la structure de l'histoire, et d'autre part, afin d'étudier l'aspect sémantique des dialogues et d'en relever les thèmes. Cette analyse s'est avérée d'autant plus fructueuse qu'elle nous a permis de cerner (comme dans un livre) les subtilités caractérielles des personnages dans des situations précises, et de mieux comprendre les développements et les attitudes qu'elles préconisaient.

Nous n'avons pas l'intention de parler ici de films classiques que tout le monde connaît. Nous pensons par exemple à certains films de Marcel Pagnol comme *Jean de Florette* et *Manon des sources*, ou à ceux de Jacques Tati, de qui les vacances de M. Hulot sont maintenant célèbres. Nous ne pensons pas parler non plus d'autres films de valeur équivalente aux films intitulés *Les quatre cents coups* de François Truffaut, ou *La grande illusion* de Jean Renoir. Ces films sont des joyaux, et s'engager à mentionner tous les films de cette nature risquerait de nous rendre partiale. C'est pourquoi nous ne citerons que les seuls exemples capables d'illustrer notre pensée.

Nous ne parlerons pas non plus d'autres films récents, valables, mais auxquels la critique n'accorderait que deux ou trois étoiles. Nous pensons par exemple au film intitulé *Neuf mois* de Patrick Braoudé (film qui passait encore à Paris au moment où nous écrivions), et qui décrit l'angoisse (contemporaine) d'un jeune psychiatre qui va devenir père, et qui est périodiquement confronté par un de ses clients, adolescent en révolte contre les inadéquaties paternelles. Nous pensons aussi à *L'Histoire d'Adrien* de Jean-Pierre Denis, qui présente aux étudiants étrangers l'importance des classes sociales en France, des préjugés, de la bigoterie et du crime que constitue le seul fait d'être né bâtard. Ce film permet de saisir le poids du terroir provincial sur la vie de ceux qui en sont issus.

Mais il y a aussi des films contemporains qui nous ont paru plus riches d'enseignement, et dont les thèmes présentent (nous semble-t-il) un caractère d'urgence. Ce sont ceux que nous voudrions présenter ici, et qui nous intéressent particulièrement, parce qu'ils s'adressent à tout un éventail de jeunes adolescents et de jeunes adultes sur le point de s'engager dans la vie, comme le sont la plupart des jeunes qui se présentent devant nous dans les salles de classe. La recherche du bonheur, la nécessité de survivre, le doute ou le désespoir, sont autant de préoccupations que partagent les jeunes de tous les pays, d'un continent à l'autre, puisque les distances aujourd'hui ne séparent plus rien ni personne. Le reproche pourrait nous être fait que les thèmes que nous avons choisis ne sont donc pas authentiquement français. Ce à quoi nous ferions remarquer qu'ils sont humains et universels, à l'image du monde contemporain. Les expériences qu'ils présentent et les messages qu'ils traduisent sont éducatifs et impérativement utiles. Les rôles des personnages ont été pensés, sentis et exprimés par des acteurs français. Ils représentent donc des attitudes françaises devant certains problèmes, qu'il s'agisse de ceux de la vie, de l'amour ou de la mort, ou qu'il s'agisse de mettre en valeur des concepts aussi variés que ceux de l'amitié, de la liberté, de la nature de l'homme et de ses appétits, dans un contexte politique, religieux et social. Nous avons choisi ces films, parce qu'ils confrontent le rêve à la dure réalité de la vie, et que nous devons établir nettement ces différences.

L'ordre de présentation de cette critique ne respectera pas celui de la sortie des films. Puisque nous avons voulu saisir les traits de la France profonde, il nous a paru logique de présenter plusieurs aspects de la vie des Français qui va de l'enfance jusqu'à un âge assez avancé, c'est à dire jusqu'au moment où le destin des personnages est inéluctable. Nous avons donc choisi d'analyser quelques images attendrissantes de l'enfance, images de la France moderne entre toutes, telles qu'elles nous sont apparues dans le film de Jean-Loup Hubert intitulé *Le grand chemin*. Suivent les films illustratifs de ce que nous pourrions considérer comme les options que la vie présente à ces jeunes enfants devenus grands, options qui, elles, nous sont présentées dans les films d'Eric Rochant et d'Eric Rohmer, intitulés respectivement *Un monde sans pitié* et *Pauline à la plage*. Nous avons choisi ces films parce qu'ils représentent cette génération de jeunes dont l'âge correspond à celui de nos élèves, et parce qu'ils illustrent des expériences communes qui leur sont familières. Nous pensons que ces deux derniers films annoncent de façon explicite les dangers latents qui menacent les jeunes générations et les conséquences qu'ils entraînent. Notre aperçu serait incomplet si nous ne mentionnions les effets de la guerre et de ses contraintes sur l'avenir des jeunes; sur leurs options, leurs espoirs, leurs tentatives et leurs échecs. A cet effet, nous avons choisi deux films, l'un de Diane Kurys intitulé *Coup de foudre*, et l'autre de Claude Chabrol intitulé *Une Histoire de femmes*. Enfin pour présenter un dernier aspect de la vie sociale des adultes en proie aux problèmes que pose la vie moderne, nous avons choisi d'analyser le film intitulé *Vincent, François, Paul et les autres* de Claude Sautet.

D'autres films seraient aussi valables que ceux que nous avons sélectionnés. Nous avons dû faire un choix, et nous regrettons déjà d'avoir dû le limiter, comme nous regrettons de ne pouvoir inclure dans cette première étude quelques films illustratifs des problèmes qui se sont posés et qui se posent encore aux pays francophones d'Afrique et d'ailleurs. Nous aimerions indiquer à tous ceux qui s'intéressent à la littérature et à la culture française et francophone, que cette étude n'est qu'une ébauche, et que d'autres opuscules de la nature de celui-ci sont en préparation. L'un relatif à la culture francophone, et un autre à l'Histoire française à travers les âges.

Nous espérons que cet ouvrage sera aussi utile que nous l'avons espéré, et qu'il permettra à tous ceux qui veulent capturer l'esprit français de s'en imprégner plus sûrement, afin de le disséminer dans leurs classes chaque fois qu'ils le partageront dans leurs discussions. Une dernière remarque s'impose toutefois. Selon que les professeurs auxquels cet ouvrage s'adresse enseignent des classes de français avancé dans un lycée ou dans un établissement d'enseignement supérieur, certains pourraient trouver souhaitable d'éliminer quelques images des films que nous avons choisis avant qu' elles ne soient visionnées par les élèves.

REMERCIEMENTS

Avant de commencer cette étude, nous voudrions remercier tout particulièrement notre collègue et Chairman le Dr William Griffin pour sa généreuse collaboration, et pour le soutien qu'il n'a cessé de prodiguer en notre faveur. Sans l'influence qu'il a exercée au sein de l'Administration et auprès de sa faculté, cette étude n'eut guère été possible. Il prit même en charge la distribution et l'enseignement de certains de nos cours; qu'il en soit ici très vivement remercié.

Nos remerciements s'adressent également aux Drs Maksoud Feghali et Judith Rice-Rothschild qui furent avec le Dr Griffin les lecteurs attentifs de notre projet. Le caractère toujours objectif de leur critique nous fut particulièrement précieux, et témoigne de leur inlassable dévouement. L'amitié, la confiance qu'ils nous ont témoignées et leurs encouragements, nous furent d'un très grand prix.

Nous voudrions aussi remercier tous nos parents et amis qui, de près ou de loin, ont soutenu nos efforts. Nous souhaitons vivement que la réception donnée à cette étude les affermisse dans leurs sentiments.

INTRODUCTION

Il nc nous semble pas utile de comparer ici la démarche suivie par les écrivains et par les réalisateurs de films, ni de comparer l'impact de leurs oeuvres sur la société en général, pour justifier notre entreprise. La similitude de leur intention nous paraît évidente; et le rôle du film, au niveau de l'éducation des masses, est tout aussi valable que celui du livre.

Nous avons tous lu des livres ou vu des films qui nous ont plus ou moins plu. Les opinions que nous en avons varient, allant de nuances à la condamnation pure et simple d'une oeuvre. Lorsque nous voulons voir un film, nous consultons le synopsis et nous évaluons la qualité de la réalisation selon le nombre d'étoiles qui l'accompagne. La sélection et l'importance que nous leur accordons dépendent dc la façon dont nous avons été élevés et de l'éducation que nous avons reçue. Nous réagissons aux choses qui nous touchent avec notre intelligence et avec notre coeur. Bien que nous soyons tous différents les uns des autres (comme peuvent l'être les frères et soeurs d'une même famille), quand nous interprétons des oeuvres, nous ne leur accordons pas toujours la même valeur. Celles qui nous paraissent les plus remarquables répondent à des critères bien définis de forme, de fond et de vraisemblance, qu'il s'agisse de films ou de livres. Plus les histoires nous paraissent vraisemblables, et plus le rapport qui s'établit entre le spectateur et les protagonistes nous paraît étroit. Les personnages incarnent des rôles auxquels nous nous identifions, parce que l'histoire qui se déroule sous nos yeux est notre histoire, ou l'histoire qui pourrait, ou aurait pu nous arriver. Le rapport intime qui se crée entre l'oeuvre et l'observateur d'une part, et les critères qui déterminent une oeuvre d'art d'autre part, peuvent paraître contradictoires. C'est d'ailleurs cette concomitance entre l'oeuvre et l'observateur qui donne au génie du réalisateur toute son ampleur, car il sait plaire à tout le monde. Il se saisit de notre pensée et de nos sentiments tout en entretenant un climat familier, et il nous oblige à réagir activement aux thèmes illustrés dans le texte. L'oeuvre nous convie à réfléchir plus avant aux problèmes sociaux qui nous concernent tous: les problèmes de la vie contemporaine.

Il conviendra donc que nous identifiions les thèmes des films sélectionnés en déterminant les facteurs qui motivent l'action; les choix que font les personnages (choix qui en fait les définissent), le milieu social auquel ils appartiennent, la mentalité qui les entoure, et enfin les circonstances ou péripéties dont ils sont ou coupables ou victimes. C'est de cette analyse que nous pourrons déterminer la contribution du réalisateur au niveau culturel et national, ou humanitaire et universel.

La culture d'une nation peut-être définie par l'ensemble des caractéristiques et des connaissances acquises à travers les siècles. Elle peut se manifester par des détails concrets et visuels, comme le style de certaines constructions dans des régions données, ou par l'analyse des comportements humains entretenus et cultivés au cours des années. Nous savons que la culture d'un pays ne se révèle d'une façon générale que par l'étude de son histoire économique et administrative, par celle des témoignages philosophiques et artistiques qui lui ont été légués (peinture, architecture, littérature, musique) et par l'étude de sa société. Les films qui nous intéressent ne constitueront donc qu'une facette de notre culture contemporaine, puisqu'ils ne révéleront que l'esprit qui anime les protagonistes dans les lieux et le milieu où ils vivent. Ils posent cependant les problèmes de la vie courante après la deuxième guerre mondiale, et montrent comment les Français réagissent aux tendances et développements de cette culture.

LE GRAND CHEMIN

■ ■

Film écrit et réalisé par Jean-Loup Hubert
avec
Anémone et Richard Bohringer (Marcelle et Pélo),
Antoine Hubert et Vanessa Guedj (Louis et Martine),
Christine Pascal (Claire), Raoul Billerey (le curé),
Pascale Roberts (Yvonne), Marie Matheron (Solange),
et Daniel Rialet (Simon)

Expresssions utiles

Relevons tout d'abord quelques expressions courantes qu'il est utile de connaître, et le contexte dans lequel elles apparaissent par ordre chronologique:

Avoir du flair: avoir un pressentiment/ sentir que quelque chose va se passer.
Pélo dit à Louis qui va passer ses vacances chez les Lucas:

- Ça n'a pas l'air de t'emballer hein? T'as du flair!

Etre blanc comme un aspro: être blanc comme un cachet d'aspirine.
Marcelle dit à Claire que Pélo aurait pu aller les chercher:

- Il le savait pourtant que vous veniez. Bois chaud, t'es blanche comme un aspro. Je suis contente que tu m' l'amènes! T'aurais pu le faire plus tôt ma pauvre Claire!

Etre dinde: (ou dindon pour un garçon): être un peu simple d'esprit.
Marcelle dit à Louis:

- Ne te laisse pas impressionner, va. Elle a l'air comme ça, mais elle est plus dinde que dégourdie.

Se biler: se faire du souci/ de la bile/ du mauvais sang.
Martine dit à Louis:

- Moi, j'ai presque dix ans et demi. Mais là-dedans [Martine montre sa tête], ça fait plus. A l'école j' suis la meilleure, et pourtant j' me bile pas.

Remarque: dans le langage parlé l'élision du [e] muet (illustrée ci-dessus par des apostrophes) est courante.

Se rincer l'oeil: s'adonner au voyeurisme.
Se régaler: se délecter/ se procurer un plaisir très vif.
Un Jules: en général le jeune homme aimé d'une jeune fille.
Martine explique à Louis ce qu'elle voit de son observatoire secret:

- Viens, monte! On voit tout. Viens voir, regarde. Tu peux même te rincer l'oeil. C'est ma soeur Solange. T'as vu? Elle a même pas de soutien-gorge. Il va se régaler Simon!
- C'est qui?
- C'est son Jules!

C'est rigolo: c'est amusant.
Faire la tronche: laisser paraître la tristesse sur son visage.
Pouffer de rire: éclater de rire malgré soi. S'esclaffer.
Martine à Louis:

- C'est rigolo de les voir. Y en a qui pleurent ou qui font la tronche. Mais y en a d'autres qui se pincent pour ne pas pouffer de rire.

Remarque: Presque tous les Français disent *"Y en a"* pour *"il y en a."* Le pronom *"il"* est complètement absorbé par l'élocution.

Avoir une cuite: être soûl/ivre. On dit aussi "être plein."
N'être pas baisant: n'être pas aimable.
Etre dur à cuire: n'avoir pas peur/ne reculer devant rien.
Louis a demandé à Martine si Pélo est gentil:

- Ça dépend. Quand il a sa cuite, il est pas baisant, hein! Remarque c'est pas ça qui fait peur à Marcelle! Elle est dure à cuire!

Remarque: Souvent le *"ne"* de la négation est omis avant le verbe. Nous l'observons deux fois dans ce que dit Martine. Nous remarquons aussi l'omission de la conjonction après le verbe remarquer. En bon français, Martine aurait dû dire "Remarque que ce n'est pas ça qui fait peur à Marcelle!"

Au cours des films que nous étudierons nous remarquerons également que très souvent lorsque les gens s'apprêtent à parler (particulièrement les jeunes d'aujourd'hui), ils commencent à s'exprimer en disant *"Bon, ben"* ou encore *"Eh ben!"* Il est courant d'entendre *"Ben quoi?"* dans la chaleur d'une discussion. D'où l'expression provinciale souvent sujette à être empruntée et imitée: *Pt'êt'ben qu'oui, pt'êt'ben qu'non!*

Des trucs: des combines/ des choses intéressantes.
Martine dit à Claire qui lui confie Louis:

- Pas d' problèmes! Je lui ai déjà montré plein de trucs.

Boire un coup en suisse: sans le dire à personne.
Pélo dit à Hippolyte:

- Comme j' te vois, tu partais boire un coup en suisse, hein mon cochon?
- Dame, quand on a personne pour trinquer chez soi.

Avoir la pépie: avoir toujours besoin de boire (la pépie est une maladie des poules qui ont manqué d'eau à boire).
Marcelle dit à Louis à propos d'Hippolyte:

- C'est le fossoyeur. Alors lui, c'est d'avoir enterré sa femme qui lui a donné la pépie.
[On remarquera que si Pélo boit, c'est aussi parce qu'il a dans un sens perdu sa femme qui lui refuse son affection.]

Un/une chameau: personne méchante.
Marcelle explique à Louis pourquoi Grand-mère Pélo n'est pas là:

- Ah non! Elle dort en face maintenant. J'étais pas fâchée quand elle s'est décidée à traverser la route. Un p'tit chameau celle-là aussi... Fais pas attention à c' que j' dis. C'est des vieilles histoires tout ça.

Faire du raffut: faire du bruit/du tapage/du vacarme.

Pélo à Louis:

- Ben dis donc, t'en as fait un raffut cette nuit! C'est les voisins d'en face qu'ont dû se retourner dans leur trou!

Remarque: Pélo dit *"qu'ont dû"* pour *"qui ont dû."*

Se requinquer: reprendre des forces/se remonter.
Marcelle à la bouchère:

- Donnez-lui quelque chose qui le requinque.
- Quelle viande tu préfères mon bonhomme?
- Du poisson.

Se faire appeler Léon: se faire gronder par des adultes. On dit aussi "se faire attraper."
Martine ne sait pas que Louis a reçu la permission de Pélo de prendre la charrette:

- Oh! là,là! si Pélo te voit avec la charrette, tu vas te faire appeler Léon!
- Pourquoi? J' l'ai pas volée, c'est lui qui m' l'a donnée!
- Moi, j'ai jamais pu y toucher!

Les chiottes (ou w.c.): toilettes extérieures
les doigts dans le nez: facilement.
Martine explique à Louis en quoi consiste le karaté:

- Avec du karaté tu défonces les chiottes de Marcelle d'une seule main les doigts dans l' nez!

Quelque chose de pas très catholique: quelque chose en quoi on ne peut pas avoir confiance.
Louis confie à Martine ce qu'il a vu et ce qu'en a dit Pélo:

- Même que Pélo m'a dit que c'était pas très catholique.
- Mais si, c'est normal. Ma mère et ma soeur aussi elles ont ça. Même que pour moi, ça ne devrait pas tarder. C'est Solange qui m' l'a dit.
- A quoi ça sert?
- Oh là là! c'est compliqué! C'est un truc pour savoir si on attend un bébé.

Etre toujours par monts et par vaux: être toujours parti.
Marcelle plume des poulets et parle de la situation de Claire:

- Tu disais qu'elle est obligée de travailler?
- Eh dame! avec un mari qui est toujours par monts et par vaux; avec des places qui changent comme le temps! C'est pas avec les mandats qu'il oublie d'envoyer qu'elle pourra l'élever ce pauvre gosse!

La marotte de quelqu'un: une habitude/une manie.
Marcelle parle à Louis de la vieille Rose qui passe avec un sceau une pelle et un râteau, comme ceux que les enfants prennent pour s'amuser à la plage:

- Y a une plage ici?
- Non. C'est au cimetière qu'elle va. C'est sa marotte.
- Elle est folle?
- C'est le chagrin qui a pris toute la place dans sa tête.

Comme une lettre à la poste: opération rapide.
Conversation entre Louis et Marcelle:

- Est-ce que ça fait mal quand il sort le bébé du ventre?
- Oh, t'inquiète pas, va! Le deuxième, il passe comme une lettre à la poste!

Planquer quelque chose: abandonner/cacher.
Martine à Louis:

- Qu'est ce que tu fais, tu viens?
- T'as pas tes chaussures de bossue?
- Tu parles! j' les planque dès qu' je sors de la maison.

Bouffer: consommer/manger.
Martine explique comment est mort le mari de Rose:

- Lui, ils l'ont retrouvé trois jours après; et pour des civelles, il en a eu! Ça lui sortait par les trous de nez et même par les yeux! Ça bouffe tout, les civelles!
- C'est quoi des civelles?
- Idiot! C'est des avant l'anguille! C'est des petits asticots blancs avec deux petits yeux noirs. C'est vachement bon à la vinaigrette!

Filer le train (à quelqu'un): suivre à distance.
Hippolyte va creuser un trou au cimetière:

- Dame! j'ai vu passer le curé qui filait le train au docteur. Autant creuser à la fraîche [quand il ne fait pas chaud].

Les cornettes: les bonnes soeurs/les nonnes.
Prendre un raccourci: prendre le chemin le plus court.
Pélo parle de la Pauline qui va mourir:

- On l'a eue, oui! Si on l'avait laissée dans sa maison avec ses chats la Pauline, elle verrait le premier de l'an comme j' te vois. C'est les cornettes qui lui ont fait prendre le raccourci. Et qui est-ce qui va hériter de la maison?

Tournicotter: aller et venir sur place, sans but.
Finasser: ruser.
Marcelle revient d'un enterrement et se dispute avec Pélo:

- Ben reconnais-le au moins! tu tournicotes, tu finasses! T'es là comme une grosse araignée à préparer ton coup.(...) Du jour où t'as compris qu'il s'attachait, t'as tout fait pour l'éloigner de moi, cet enfant.

Les ragots: les bavardages/les cancans/les commérages.
Pélo à Marcelle:

- Tu ferais bien de le laisser tranquille avec tes   bondieuseries [néologisme]. Si on croit les ragots, il n'est même pas baptisé le gamin. Et j' l'emmène à la pêche dimanche.

Radoter: tenir des propos décousus/ne pas savoir ce qu'on dit.
Louis à Pélo parlant de la vieille Marie:

- Elle a cru que t'étais mon père.
- Elle radote un peu tu sais, à force d'être seule dans les marais.

De fil en aiguille: insensiblement/d'une chose à une autre.
Pélo raconte à Louis ce qui arrivait quand il allait au bal avec Marcelle:

- Au retour souvent, ça pressait tellement, qu'on s'arrêtait au bord de la route.

- Pour s'embrasser?
- C'est ça. Pour s'embrasser. De fil en aiguille, ça devait se terminer sur les marguerites.

Attraper le ballon: tomber enceinte.
Rendre la monnaie à quelqu'un: se venger aussi méchamment.
Caqueter: jaser/bavarder de façon indiscrète.
Martine et Solange se comprennent:

- Tu viendras pas te plaindre d'attraper mal au ventre. Elles sont vertes ces pommes.
- Et toi tu viendras pas te plaindre d'attraper le ballon. Je sais où tu vas! [s'adressant à Louis] Elle peut pas caqueter, sinon j' lui rends la monnaie!
- Où elle va?
- Aux champignons.
[La réponse de Martine nous indique qu'elle est fatiguée de devoir toujours tout lui apprendre. Nous savons que c'est alors qu'elle décide de substituer l'exemple à l'explication.]

Chiche: exclamation de défi.
Martine va amener Louis à monter sur le toit de l'église:

- Et puis d'abord, il a rien à dire Dieu; j'y vais au moins une fois par semaine à l'église; et j' monte au ciel quand j' veux, moi. Tu m' crois pas? Non? eh ben chiche! si t'as pas le vertige, j' te l' prouve!

Se casser la binette: tomber/se casser le cou (ou la figure).
Sur le toit:

- Viens, faut monter ici. Pas trop vite ou tu vas te casser la binette.

Trouillard: peureux/lâche. On dit aussi "avoir la trouille."
Louis refuse de monter à l'échelle:

- Trouillard! moi, j'ai été jusqu'à la croix.

Pleuvoir comme une vache qui pisse: Il pleut beaucoup.
Toujours sur le toit, Martine et Louis rêvent à la plage:

- Là-bas il y a la mer, mais on ne la voit pas.

- J'aimerais bien y aller moi. Tu y as déjà été toi?
- Une fois seulement et il pleuvait comme une vache qui pisse.

Ne pas en perdre une miette: observer avec attention sans en avoir l'air.

Solange essaie une robe que Marcelle lui confectionne:

- T'inquiète pas, tu seras belle. Mets déjà le bas pour voir.
- C'est un peu long là.
- Ah faut savoir ce que tu veux ma fille! et tout ça pour qu'il la retire sans même y regarder!
- Il en perd pas une miette, lui!
- Oh penses-tu! A cet âge, ça n'a pas de malice!

Remarque: A ce propos on remarquera que Marcelle fait souvent des allusions de caractère sexuel: une première fois dans le jardin de fraises (extrait que nous étudierons plus loin dans notre étude sur le style), une deuxième fois à propos du jésus de Louis et du savon de Marseille quand il se baigne dans une grande bassine, et maintenant à propos de Simon qui retirera la robe sans la regarder. Il semblerait que Marcelle aime jouer avec ce genre d'image chaque fois qu'elle en a l'occasion. L'abstinence qu'elle s'impose (dont nous reparlerons) peut déjà nous laisser penser qu'elle retournera vers Pélo à la fin du film.

Dare-dare: très rapidement.

Marcelle a donné une gifle à Louis. Martine commente:

- Ma mère, elle dit que ça fait circuler le sang. Il doit y aller dare-dare le tien! Elle doit être encore plus embêtée que toi, Marcelle.

Du baratin: dire des choses qui ne sont pas nécessairement vraies.
Se tirer: s'en aller.
Des ronds: de l'argent.
Le popotin: le derrière/partie inférieure et postérieure du corps.
Mon oeil: dans ce contexte veut dire "Si! c'est vrai!"

Martine fait comprendre à Louis comment son père a pu s'en aller:

- Yvonne m'a fait croire des histoires de voyages. Mais moi, je savais bien que c'était du baratin.
- Tu crois qu'il est parti?
- Ben tiens! mon père il s'est tiré avec une jeune! Une vendeuse des

Nouvelles Galeries. Mais remarque, il paraît qu'elle lui prend tous ses ronds! Alors le tien, ça doit être pareil!
- C'est pas vrai!
- Mon oeil, oui! Les vieux c'est tous pareil! Dès qu'ils voient une fille qui remue du popotin, vrille! et ils passent la vieille [abandonnent]. C'est comme ça!

Se bouffer le nez: se disputer.
Remarque de Martine à Louis:

- Remarque que ça vaut mieux que de se bouffer le nez comme Marcelle et Pélo, hein?

un martinet: un fouet.
Marcelle s'adressant à Louis qu'elle croit être dans l'arbre:

- Louis! Sors de là immédiatement! Je sais que tu te caches là-dedans. Je te préviens, si tu ne sors pas de là, je vais chercher un martinet chez Marie Poivrot. Je vais me fâcher pour de bon!

Le pétrin: situation difficile de laquelle on ne peut pas sortir.
Au sens propre: pâte à pain.
Martine informe les adultes de sa conversation avec Louis:

- Il a peur que son père est parti en laissant sa mère dans le pétrin. [Martine ici aurait dû employer le subjonctif; mais elle est encore trop jeune pour l'avoir appris.]

Une beigne: une gifle. On dit aussi "une calotte"(voir plus bas).
Martine informe Pélo de la disparition de Louis:

- Y a Louis qui a disparu à cause de son père, et Marcelle, elle lui a foutu une beigne! [Martine parle comme le font les enfants étranglés par l'émotion; son rapport n'est clair que dans son esprit.]

En avoir gros sur la patate: avoir le coeur gros/être malheureux.
Pélo à Louis sur le toit de l'église:

- Comme t'es là, t'en as gros sur la patate, hein? C'est à cause de la calotte que Marcelle t'a filée que tu t'es sauvé?

Ce sera bien fait: c'est recevoir ce qu'on mérite.

- Je m'en moque si je tombe! Ça sera bien fait pour Papa!
- Louis! Reviens!
- Je m'en moque! si Maman elle va mourir à cause du bébé je serai avec Maman. Je serai avec Maman!

Remarque: le discours des enfants est sensiblement altéré sous l'effet des émotions. Nous avons vu Martine vouloir faire le tour de son histoire en moins de mots qu'il n'en faudrait pour être claire, et nous voyons le vocabulaire de Louis devenir redondant et répétitif.

Etre salé: dans ce contexte, knock-out.
Pélo après avoir relevé l'enfant tombé dans la gouttière:

- Il est salé, mais je crois qu'il n'a rien.

avoir la pétoche: avoir peur.
Martine à Louis qui est dans son lit:

- Eh bien mon cochon! Tu m'as foutu une bonne pétoche!
- Tu as eu peur?
- Tu parles! Si t'étais mort, ce serait encore de ma faute!
- T'as vu? J' suis quand même capable d'aller pisser tout seul dans la gargouille!
- Même mieux! Ça j'avais pas pensé à faire du toboggan sur le toit!

De la gnognotte: de valeur négligeable.
Martine presse des raisins et se propose d'y ajouter du rhum:

- Tu vas voir, c'est pas du jus de gnognotte!
- C'est du vin?
- Un peu, oui. Je vais rajouter du rhum. Ça fera au moins quarante degrés.
- Tu veux te soûler?
- De quoi j' me mêle!
- Je voulais te dire au revoir.

Aspects Culturels

Il est concevable que pour le touriste qui débarque en France, la première impression culturelle puisse être d'abord reflétée par l'aspect physique de l'environnement. La planification rurale et urbaine a été établie selon des critères bien définis par la géographie et l'histoire, et les Français font pratiquement corps avec l'esprit du village ou de la ville où ils vivent.

Les premières images du film nous donnent déjà un aperçu valable de la France profonde. C'est l'été, tout est calme à la campagne. Parce qu'il fait chaud, on ne rencontre que peu de gens dans les rues, excepté ceux qui sont obligés de sortir[1]. Tel Pélo, le menuisier du village habillé d'une salopette[2] qui s'en va quérir des marchandises avec sa brouette à l'arrivée de l'autobus. On remarque aussi les pêcheurs qui s'adonnent sans doute à leur passe-temps favori, soit par esprit d'économie, ou parce qu'il est toujours bon quand on n'est pas bien riche et qu'on habite un petit village, de manger du poisson frais qui ne coûte rien (l'esprit d'économie est d'ailleurs remarquable chez les Français qui, sans pour autant être avares, peuvent être très généreux)[3]. Quand Pélo va à la pêche, c'est dimanche, et il y va en compagnie de Louis pour se divertir.

Nous ne doutons pas que le réalisateur ait sciemment essayé dès le début, de nous faire partager ce caractère typiquement français qui parcourra le film. Dès les premières images apparaît Rose, toute de noir vêtue, sur la route qui mène au village. Elle est seule, elle est toujours seule. Sa vie semble n'être faite que de recueillement. Elle symbolise cette mentalité ancestrale, selon laquelle une veuve qui voulait demeurer respectable se devait de porter le deuil du mari jusqu'à la mort, et glorifier ainsi le caractère sacré du serment matrimonial. Mais Martine nous apprendra que Rose a aussi perdu son unique enfant dans un accident tragique, et qu'elle attend chaque jour sur la berge que la marée lui ramène le corps. Elle traverse d'ailleurs régulièrement le paysage du film; elle fait partie intégrale du paysage français.

Nous voyons aussi le curé ventripotent, avec son mouchoir à rayures d'un bleu violet noué aux quatre coins et posé sur la tête. Plus tard dans le film, nous le verrons se l'ôter, se moucher, et le replacer dans sa poche[4].

Comme dans une pièce de théâtre bien montée, le réalisateur Jean-

Loup Hubert définit pour nous la relation qui existe entre le curé et Pélo. Le premier aperçoit Pélo en train de boire à la fontaine. (Celle-ci nous rappelle qu'autrefois la place centrale du village était le point d'eau où le puits avait été creusé pour la communauté.)

- La fontaine serait-elle devenue miraculeuse pour que tu boives de l'eau?
- Le miracle serait qu'elle pisse du muscadet, curé!

Cette riposte du tac au tac révèle la rapidité de la pensée de Pélo, qui rappelle au curé en en précisant le cru (comme pour bien faire comprendre qu'il n'est pas dupe), qu'il ne méprise pas le vin de messe. Le spectateur ne peut s'empêcher de remarquer que le curé se porte bien, et qu'il ne doit pas mépriser ce qui est bon. Les deux hommes se tolèrent mais ne s'admirent pas.

Arrêtons-nous un instant et comparons les valeurs que symbolise la présence du curé en France, et la mentalité qui l'accompagne. La France au vingtième siècle a subi plusieurs influences qui ont sérieusement altéré les convictions religieuses. L'école publique obligatoire depuis le début du siècle a ouvert l'esprit critique déjà bien éveillé par la connaissance historique (richesse de l'église depuis le Moyen Age et esclavage du peuple jusqu'à la Révolution), par l'avènement du communisme dont l'impact se fit sentir jusqu'à l'avènement de De Gaulle à la présidence (beaucoup de maquisards qui formèrent une grande partie des Forces Françaises Libres, libératrices du territoire lors de la deuxième guerre mondiale étaient communistes), par le succès d'écrivains comme Jean-Paul Sartre et Albert Camus par exemple, toutes ces influences ont contribué au déclin de la pratique religieuse en France.

La nature de cette influence est reflétée par la présence que lui accorde Jean-Loup Hubert. Le curé apparaît dès le début du film le nez dans son bréviaire, symbole de son office qui consiste à amener le village à vivre selon les lois qui y sont prescrites.

La deuxième fois que la présence de la religion se manifeste est quand nous assistons à l'office religieux du dimanche. Si nous prêtons attention au sermon du curé, nous découvrons que ce n'est qu'un amas confus de symboles que résume une de ses ouailles chez la bouchère: "Il radote de plus en plus not' curé. Aujourd'hui, j'ai rien compris!"

Quant à nous, nous avons déjà compris que Pélo ne prise pas beaucoup l'influence du curé. Quand Marcelle rentre à l'église avec Louis (nous savons que Louis s'y endormira), Pélo rentre au café. Quand elle va récupérer son mari avec la brouette et le déssoûler sous l'eau de la fontaine il s'écrie:

> - Il est lourd, hein Pélo! Aide-toi! le ciel t'aidera. Aide-la! Eh ben non! Il t'aide pas, hein? Pour le meilleur et pour le pire, hein? Démerde-toi, Marcelle. On l'a eu le pire hein? On l'a eu nom de Dieu! Allons-y pour le meilleur! Un p'tit coup dans la brouette!

En prêtant le blasphème (le reniement des valeurs du testament) à un homme ivre, Jean-Loup Hubert utilise la même technique que les auteurs accordaient autrefois au comique pour éviter des poursuites judiciaires (comme au temps de Louis XIV par exemple), ou pour se garder d'offenser ceux qui ne se laisseraient pas convaincre, ce qui semble être ici le cas. Lorsqu'il viole sa femme dans la chambre "sanctuaire" Pélo fait remarquer: "Ça aussi, j'y ai droit. T'as qu'à demander à ton curé."

Pélo n'attaque pas seulement la validité des serments faits le jour du mariage lorsqu'il dénonce ouvertement les manigances des soeurs de Port-Silant. Il les accuse de malversations et d'abus de confiance entraînant la mort au nom de la foi (voir ce que dit Pélo à propos des cornettes dans les expressions utiles que nous avons relevées).

Nichés en haut de leur observatoire secret, Martine et Louis regardent la pompe de l'enterrement, avec l'enfant de choeur portant la croix en sortant de l'église et se rendant au cimetière, suivi du curé le missel ouvert. (Chaque fois que nous le voyons, le curé est toujours en train de lire un livre sacré.)

Au caractère noble de ce cérémonial, Jean-Loup Hubert contraste la conversation des enfants. "C'est des poignées en laiton" dit Louis. "Je sais! ma mère a les mêmes à sa commode!" répond Martine. Nous pourrions négliger de noter ce contraste (entre ce cérémonial funéraire et le caractère utilitaire de la conversation des enfants), si la pensée de ceux-ci ne transformait le premier en mascarade par la nature même de leur observation; les poignées qui permettent de soutenir le volume du cercueil, mises en parallèle aux rituels qui soutiennent la fonction spirituelle, sont des valeurs fausses.

Nous revoyons le curé quand Martine imite (pour Louis) les mouvements corporels du plaisir sexuel, après avoir observé Solange et Simon:

> - J'ai l'impression que tu ferais bien de venir à confesse [dit-il à Martine]. Et toi Louis, pourquoi donc t'es pas venu à la messe hier? (...) Tu crois

que c'est en pêchant le gardon que tu sauveras ton âme? Je compte sur toi dimanche prochain.

Avec de tels arguments, nous ne doutons pas que Louis ne saurait manquer à son devoir.

Rappelons la notion que Martine (la meilleure initiatrice de Louis), peut avoir du bon Dieu et du ciel. En menant son compagnon sur le toit de l'église, elle rencontre dans la nef une soeur dont on entend le ronflement. "Tu crois qu'elle nous a vus la bonne soeur?" demande Louis. "Penses-tu! Elle ouvre l'oeil que pour la soupe" répond Martine. Serait-ce là sa fonction essentielle selon le réalisateur?

Quand Louis fait ses besoins dans la gargouille, une soeur qui rentrait dans l'église s'écrie: "Oh, doux Jésus!" Et le spectateur se demande pourquoi elle néglige de questionner la source de cet arrosage imprévu par ce beau jour ensoleillé. Elle aurait découvert ce qui se passait et prévenu les adultes des dangers que couraient les enfants. Quand elle n'est pas néfaste (nous pensons à l'épisode de la Pauline), la fonction des bonnes soeurs au sein de la société nous semble fort négligeable.

Considérons maintenant le comportement du curé lorsqu'il s'agit de récupérer Louis réfugié au faîte du toit de l'église un lapin dans les bras. Alors que Pélo escalade une grille (il n'a pas de temps à perdre), le curé va chercher des clefs. Quand Pélo parlemente avec Louis, le curé a trouvé les clefs; et quand le curé s'apprête à monter, Louis est déjà tombé dans la gouttière. "Le curé a tenu à nous ouvrir sa cave (relate Pélo). Il y croit à son miracle; pas au point de remplir les calices! s'il avait pu trouver des verres plus petits que les verres à porto...".

Notre curé manque d'esprit d'à-propos, de psychologie et de générosité. Certes il ne pouvait pas savoir que Louis pouvait "grimper là-haut." Mais au lieu d'aller chercher des clefs, il aurait dû être le premier à montrer à Pélo le chemin qui donnait accès au toit. Après tout, il ne s'agissait que de sauver la vie d'un enfant! Sans dénigrer la bonne volonté du curé (et bien que son invitation s'inspire d'un sens aigu des relations publiques), Pélo fait remarquer que la célébration même du miracle (puisqu'il s'agit d'un miracle) est mesurée. Il est à croire que le curé de Rouans n'a pas grand'chose à donner aux niveaux spirituel et matériel. Il n'est que la survivance visuelle d'une foi qui se refuse à mourir.

Revenons au début du film. Quand Claire et Louis traversent le village, ils sont dépassés par une seule auto (pas très moderne d'ailleurs) et croisés par un cycliste avec sa petite charrette attachée derrière; le béret sur la tête, il n'a de cesse que de les observer. Cette curiosité répond à un même esprit quand le curé les regarde lui aussi par-dessus son bréviaire ouvert, dont il tourne (ou fait semblant de tourner) une page. A la campagne, les habitants sont tout de suite curieux des étrangers.

Le cimetière qui se trouve le plus souvent près de l'église au coeur des vieux villages (les corbillards n'étaient pas tirés par des chevaux de course) est généralement entouré d'un mur de pierres qui isole les morts des vivants. Les sépultures monumentales sont d'ailleurs visibles par delà les murs et à travers les grilles de l'entrée, comme pour nous rappeler la présence baroque de la mort. Non loin de là, habitent les Lucas.

Leur maison est comme les vieilles demeures campagnardes, assises sur la rue avec leur étroit parterre de fleurs de part et d'autre de la porte d'entrée, où se trouve accroché un rideau en nylon des couleurs de l'arc-en-ciel. Les murs sont très épais, les fenêtres peu nombreuses, avec leurs volets entrebâillés le jour pour ne pas laisser pénétrer la chaleur, et bien fermés la nuit. L'intérieur est propre et modeste. Tous les meubles sont simples et ont été choisis pour leur utilité. La table est recouverte en permanence d'une toile cirée ou d'une nappe en plastique comme pour être préservée des taches et de l'usure. Quand Pélo soupe, nous le voyons se couper une tranche de gros pain, et placer la nourriture entre le couteau et le pouce avant de la porter à la bouche (épisode de la Pauline). Il mange comme il lui plaît, comme le font les ouvriers qui mangent à la sauvette, entre deux ouvrages. L'habitude a institué la coutume.

Nul doute aussi, que la machine à coudre vieux modèle qui ne veut pas cesser de fonctionner soit encore activée en province (sans exclure les villes petites et grandes) par habitude, ou par esprit d'économie. Observons comment Marcelle fait sa lessive (rappelons que nous sommes en 1958). Elle fait bouillir le linge dans une grande lessiveuse posée sur un trépied, le lave avec une brosse, l'essore, et le pose sur un tréteau pour être rincé comme le faisaient nos grands-mères. Comme dans toutes les maisons anciennes qui n'ont pas pu être modernisées faute de moyens, les toilettes sont extérieures dans un endroit du jardin éloigné de la maison. Avant d'aller se coucher, on verra Louis faire ses besoins dans un vase de nuit, généralement posé sur une étagère ou dans une case conçue spécialement pour le recevoir sous la table de nuit.

Ces détails que nous voyons sans nous y arrêter reflètent un état d'esprit qui répond à plusieurs critères. Le Français de la France profonde vit selon les moyens dont il dispose, et s'estime heureux dans son cocon villageois avec ce qu'il a. Le crédit financier en France est un phénomène récent par rapport aux Etats-Unis par exemple. Après une guerre, la France n'était point capitaliste; et l'histoire nous apprend qu'il y eut beaucoup de guerres en France! La jeune Française se débrouillera donc avec la machine à coudre à grand-mère; elle fera d'ailleurs avec tout ce qui peut lui être donné pour se mettre en ménage, en attendant de pouvoir se payer quelque chose de mieux qui, le plus souvent, est long à venir.

Il arrive encore que le Français s'endimanche seulement pour aller à la messe et se change en rentrant. Nous constatons dans ce film que beaucoup d'hommes se retrouvent au café avant d'aller à l'église (quand ils y vont). La bouchère ouvre sa boutique pour satisfaire sa clientèle, car le Français ne va que très peu au restaurant. Tous les restaurateurs français ne sont pas des cordons bleus, et la plupart des habitants (excepté dans les grandes villes) ont leur petit jardin qui les nourrit.

L'esprit qui habite le village est celui que l'histoire a façonné, avec sa pauvreté, ses guerres multiples, et ses modestes espoirs, qui consistent à vivre tranquille, aimer et mourir, loin des grands moyens, des grands esprits et des grandes ambitions.

Nous n'imaginons pas les habitants de Rouans vivant ailleurs qu'à Rouans. Ils y ont vécu leur enfance, ils y vivront leur vie, et comme le précise Pélo, le cimetière est l'endroit où chacun se retrouve.

> - Quand on les met dans le trou [dit-il], ben (...) ils connaissent celui qui l'a creusé et puis ceux qu'il y a autour.
> (...) Ils sont sûrs qu'on les mettra pas à côté de n'importe qui. Des fois qu'après ça serait comme avant! Faudrait pas qu'on mette l'amant à côté du cocu!

Et comme Louis le petit parisien ne peut pas s'empêcher d'avoir peur des cimetières, Pélo précise:

> - Tu sais bien les clapiers qu'on fait maintenant! Ici au moins, même si tu as de la terre sur le ventre, eh ben, tu as de la place pour respirer!

Relevons son humour fondé sur la logique de la pensée (ne pas mettre le cocu à côté de l'amant), et sur une image qui fait partie des lieux communs (avoir besoin d'air pour respirer), image qu'il prête à un mort. Pélo se joue de la naïveté de l'enfant, et ce faisant, cultive un terrain de sympathie et de tendresse avec lui. Par sa contenance goguenarde, Pélo témoigne d'un esprit bien gaulois, en associant le frivole et le plaisant au morbide. Il est loin d'être bête, il se révélera toujours pragmatique et profondément humain.

L'étude que nous avons faite jusqu'ici ne nous donne qu'une idée incomplète de la personnalité de Pélo. Il boit, et nous savons pourquoi. Mais nous le voyons plus souvent en compagnie de Louis. Le film nous apprend qu'il pourrait être le père d'un garçon du même âge; et c'est en père affectueux qu'il se conduit avec lui, que ce soit dans l'atelier, à la maison, à la pêche ou sur le toit de l'église lorsqu'il essaie de le ramener à la raison. Nous apprenons graduellement qu'il a un sens aigu de l'humour, et qu'il le conserve malgré les désagréments de sa vie conjugale que nous découvrons. Quand Louis refuse de manger du lapin, il tranche d'un ton sérieux nullement dénué de sarcasme: "Peut-être qu'il aime pas la viande morte." Ici encore, Pélo exploite un jeu d'esprit. La petite charrette qu'il donne à l'enfant, les jouets et les meubles dans la chambre sanctuaire, tout nous fait comprendre qu'il était prêt à aimer son enfant et qu'il doit être bon artisan. Nous nous rappelons l'instant où Louis remarque la douceur de la surface rabotée dans l'atelier de Pélo. "C'est doux!" répète-t-il. "Pour sûr que c'est doux [répond Pélo], comme de la fesse d'ange, si on sait y faire." Son travail dans l'atelier et son flegme tranquille nous rassure et nous fait oublier (ou pardonner) ses défauts. L'esprit de complicité qui règne entre l'enfant et lui prend la forme d'un engagement, d'une sorte de compagnonnage tacite, particulièrement lorsque Louis demande à Pélo de lui apprendre son métier. Ils rentrent en se donnant la main, et sur un ton quelque peu juvénile il explique à l'enfant: "Tu sais, j'connais pas bien les enfants. Alors j'suis un peu méfiant comme toi." En réalité, Louis est le seul avec qui il puisse parler (en faisant attention à la portée de ses pensées et de son langage bien sûr) en ami véritable, le seul qui puisse ne pas le condamner sans l'avoir entendu; parce qu'il est pur et exempt des préjugés qu'entretiennent plus facilement les adultes. Pélo sent, Pélo sait, que Louis sait aimer d'abord, comme il aime Martine (qui n'a pas d'amis), comme il aime les lapins et Marcelle qui les tue (mais qui s'occupe bien de lui et reste l'amie attitrée de sa mère). Pélo aime l'enfant parce qu'il est naturel; et il redresse le détail anodin mais significatif de la vie courante qui éduque l'enfant. Lorsque Marcelle presse Louis de faire ses besoins avant d'aller au lit, Pélo y oppose un avis péremptoire: "Laisse-le tranquille avec ton pot [dit-il]. Faut qu'il apprenne à pisser comme un homme. Allez, viens! Si t'arrives à toucher le mur, c'est que t'es bon pour aller voir les filles!" Pélo est le grand frère, Pélo est le père, Pélo est celui qui l'initie selon son âge, Pélo est cette présence mâle qui lui manque et qui est la seule capable de lui parler le langage qu'il veut entendre. Voilà pourquoi Louis se sent si près de Pélo, qu'il voudrait devenir un autre lui-même. Quand il sort des cabinets, malade d'avoir mangé des pommes vertes, Marcelle le gronde d'avoir déchiré sa culotte. Pélo l'attend à la sortie et lui dit: "Tu vois où ça mène de vouloir épater les filles? Attention qu'elles t'emmènent pas à l'église un jour!" Cette réflexion est d'autant plus ironique que c'est justement à l'église que Martine le conduira, dans un tout autre but que celui auquel il pense.

Ajoutons que cette propension à parler des filles trahit la puissance de l'instinct chez l'homme répudié, comme le langage trahissait Marcelle dans le jardin de fraises, ou encore quand elle présente à Louis pour la première fois le pot de chambre avec un oeil gigantesque au fond du pot et qu'elle lui dit: "Tiens. A celui-là tu peux tout lui montrer!" (Rappelons aussi la remarque que nous avons déjà faite à ce propos.)

L'instinct de père nous semble d'ailleurs plus marqué chez Pélo que l'instinct de mère chez Marcelle. Celle-ci n'a pas oublié son enfant mort, et comme Rose, sa vie consiste à se souvenir. Pélo est libre d'aimer Louis parce qu'il vit dans le monde des réalités. Nous venons de voir comment Pélo régla le problème des besoins nocturnes. Vers la fin du film Louis ne peut pas dormir et se présente dans la chambre du couple. Marcelle se propose d'aller lui faire un thé bien chaud. Pélo intervient: "Reste donc là! C'est pas des tisanes qu'il a besoin!" Et c'est blotti entre Pélo et Marcelle, le coeur plein de tendresse et d'amour que l'enfant s'endormira, en unissant dans la nuit des mains qui sans lui ne se seraient pas abandonnées à des marques d'amour.

Nous avons eu l'occasion de constater que Pélo ne manque pas de psychologie. Il aime Marcelle, et il lui fait observer quelques fois les excès de son comportement; notamment, pendant la dispute que Marcelle lui cherche au retour du cimetière. Il lui fait observer: "Tu vas trop au cimetière. Louis est vivant. Bien vivant! Y a aut'chose. Tu ferais bien de le laisser tranquille avec tes bondieuseries. Si on croit les ragots, il n'est même pas baptisé le gamin. Et j'l'emmène à la pêche dimanche." Au niveau pratique et philosophique, il enjoint Marcelle de ne pas vivre avec la mort. A l'égard de la religion, Pélo répond sans doute dans cet exemple à l'obligation morale qu'il peut avoir de respecter la volonté des parents, qui n'ont pas donné la consigne de mener l'enfant à l'église; ce qui ne risque pas de le vexer. A la fin du film il lui fait observer (avec modération) le caractère négatif de son attitude. "Arrête, Marcelle! Arrête, tu veux? Tu vois donc pas que c'est sur toi que tu pleures? Tu te refais à plaisir ton chemin de croix. Faut croire que t'y trouves ton compte à la fin! A moins que ce soit pour continuer à m'empoisonner l'existence!"

Ils s'étaient pourtant aimés du même amour que Solange et Simon "sur les marguerites". Ils s'aiment encore et ils le savent. Si seulement

Marcelle pouvait ne plus entretenir comme à loisir des souvenirs qui les séparent.

Nous venons de faire allusion à l'amour que partagent Solange et Simon. Ils sont jeunes comme l'étaient Pélo et Marcelle lorsqu'ils se sont connus, et ils ne demandent qu'à être heureux ensemble, à Rouans, où ils font littéralement corps avec la nature. Une ombre menace leur bonheur: Simon a été appelé sous les drapeaux et il doit se rendre à Oran (en Algérie) pour y faire la guerre, sans savoir "comment (...) peut finir cette connerie." La vie réserve de grands bonheurs. Mais l'homme est vulnérable, et les grands malheurs peuvent aussi bien le terrasser sans que rien n'ait été fait pour les provoquer. La mort est inévitable. Mais elle n'est pas naturelle à l'âge de Simon. C'est la guerre, ce cataclysme humain qui contraint les jeunes hommes à jouer à cache-cache avec la mort, pour une cause qui n'est pas toujours bien claire. Une cause qui apparemment vaut bien le bonheur de deux jeunes êtres surpris dans leur élan. C'est la triste histoire de la plupart des hommes qui sans essayer de comprendre, ne cessent d'espérer.

Nous connaissons un peu Marcelle. Elle incarne cet esprit réfractaire aux changements qui, au cours des âges, a habité les campagnes. On le retrouve dans ses phrases toutes faites qui ne veulent pas dire grand'chose, mais qui peuvent être désobligeantes même si elles sont dites sans penser à mal. Elle dit par exemple à propos de Martine qu'elle est plus dinde que dégourdie, ou que Pélo est plus bête que méchant. Or nous savons que l'un et l'autre sont des êtres sensibles, intelligents et incompris.

Comme autrefois les grands-mères, elle a recours à des mensonges pieux pour répondre à la curiosité des enfants. C'est ainsi qu'elles cachaient leur inaptitude à expliquer ce qu'elles ne comprenaient pas tout à fait. Quand Louis demande qui va mourir, Marcelle répond que c'est une vieille dame; lorsqu'il demande pourquoi, elle lui dit qu'elle est très vieille. C'est Pélo qui nous informe des circonstances qui ont pu causer la mort de la Pauline en dénonçant les bonnes soeurs. Il accepte de montrer le caractère agressif de ses convictions.

Nous avons aussi vu comment Marcelle vit dans le passé au niveau des objets dont elle se sert. C'est pensons-nous parce qu'elle n'a pas eu le bonheur d'élever un enfant qu'elle agit avec Louis comme sa mère sans doute agissait avec elle. Nous avons l'impression qu'elle a un rôle à remplir et qu'elle ne sait pas trop comment s'y prendre. Lorsqu'elle croit que Louis est caché dans l'arbre, elle menace d'acheter un martinet chez Marie Poivrot (en vue d'une punition corporelle), ou de donner les lapins à Monsieur Rousseau le boucher pour en faire des pâtés (punition affective). Le spectateur sait très bien qu'elle n'a pas l'intention d'exécuter ces menaces. Mais au lieu de s'adresser à l'intelligence et au coeur de l'enfant pour lui faire comprendre une situation délicate, Marcelle a recours à une vieille méthode aux effets discutables. Son manque d'expérience lui fait faire de nombreux faux-pas. Nous pensons à l'épisode du lapin qu'elle dépouille en s'écriant vers l'enfant à peine arrivé: "C'est pour toi que je l'ai tué!" Nous pensons également aux réflexions désobligeantes qu'elle fait à Martine un dimanche sur le parvis de l'église, quand elle lui reproche d'être pieds nus comme une romanichelle, sans s'inquiéter de savoir pourquoi l'enfant évite si souvent de porter ses souliers. Nous sommes surpris et amusés lorsqu'après avoir demandé à Yvonne si elle pouvait garder le petit, elle décide qu'il restera avec Pélo "puisqu'ils s'entendent si bien." Nous discernons le sarcasme marmotté entre ses dents, et quand elle se retourne nous nous apercevons qu'elle n'était vêtue que d'une petite culotte que cachait un long tablier. Cet accoutrement est certes inattendu, mais pas inconsistant à la campagne par les temps de grandes chaleurs. Marcelle s'est mise à l'aise, et elle fait peu de cas du qu'en dira-t-on. Toutefois, sa tenue est surprenante quand on pense au climat d'animosité qu'elle entretient avec Pélo.

Marcelle est sans doute restée toute sa vie à Rouans. Elle en porte l'empreinte. Elle agit comme elle a vu ses aînés le faire. Elle est plus impulsive que rationnelle. Plus naturelle aussi.

De ses défauts, il n'est rien qu'un peu de bonheur ne saurait corriger. Quand elle s'interpose entre Louis et Pélo un soir qu'ils reviennent de l'atelier, elle est jalouse de l'amour qu'ils partagent parce qu'elle voudrait que l'enfant puisse l'aimer de la même façon. Quand Pélo écoute les résultats du tour de France à la radio et qu'elle accélère la pédale de sa machine à coudre pour couvrir la voix du commentateur, c'est le dépit qui la fait agir ainsi. Marcelle ne réfléchit ni aux motifs qui la font agir, ni aux conséquences de ses actions. Elle incarne cette femme du terroir millénaire au grand coeur, qui n'acquiert la connaissance qu'en passant par les souffrances qu'apporte l'expérience. Malgré son âge, Martine est mieux douée pour interpréter la vie.

Jetons un regard d'ensemble sur les habitants de Rouans. Les hommes sont issus du village où ils vivront toute leur vie. Ils ont la capacité d'aimer sincèrement, profondément, et de se faire aimer en retour. Hippolyte et Pélo ne se sont mis à boire que lorsqu'ils ont perdu leur femme, littéralement et au figuré. Ce sont des travailleurs consciencieux qui aiment se retrouver le soir et le dimanche au café plutôt qu'à l'église. Simon est jeune et prompt à rendre service, totalement intégré de coeur et d'esprit au village où il est né. Il symbolise cette autre génération, détentrice de la continuité temporelle menacée. Et puis il y a les autres; les absents: le père de Martine qui est parti avec une vendeuse des Nouvelles Galeries qui lui prend tous ses sous. Il téléphone. Quant au père de Louis, il fait les saisons comme maître d'hôtel à la mer l'été et à la montagne l'hiver. Il oublie quelquefois d'envoyer des mandats. Il semblerait même qu'il n'ait pas le temps d'écrire. Le ménage éprouve des difficultés. Comme le dit si bien Martine, "(...) ça vaut mieux que se bouffer le nez comme Marcelle et Pélo, hein?"

Déjà, en 1958, les mères étaient obligées de travailler et d'assumer à elles seules la responsabilité contradictoire d'être à la maison pour élever les enfants, et de travailler pour gagner un salaire. Nous avons vu qu'elles n'étaient point équipées de tous les accessoires modernes qui ont permis à la femme d'aujourd'hui de faire partie de la population active du pays où elles vivent. Yvonne "frise les bonnes femmes" le samedi, parce que c'est le jour de la semaine où presque toutes les femmes font leurs achats, le jour des grands marchés, et des foires une fois par mois. C'est le jour des meilleures recettes pour les commerçants. Claire est dactylo. Elle travaille pour un patron, elle reçoit un petit salaire. Elle recevra les allocations familiales que l'Etat lui donnera chaque mois pour l'aider à élever ses deux enfants. Elle était bonne en dessin nous dit Marcelle. Mais Marcelle n'est pas bon juge, et la campagne où elle a toujours vécu ne pouvait avoir à cette époque qu'une idée imprécise de la vie et du monde hors du périmètre immédiat. Il n'est pas dit que Claire aurait pu élever ses enfants en faisant de la peinture, occupation où il faut exceller pour réussir.

Claire et Marcelle ont aimé, ont été aimées et s'attendaient comme Solange à être heureuses. C'était sans compter sur les surprises que réserve la vie.

Lorsque nous observons Louis et Martine, nous partageons la démarche mentale qui avait été la nôtre quand nous étions petits. Comment saisir les grandes vérités qui régissent le monde, quand on n'a pour les comprendre que l'observation des banalités quotidiennes? Dès le début du film nous saisissons que Martine est très intelligente. Très tôt elle a compris que c'était un défaut; elle est "fâchée avec les autres." Elle est seule. Elle se fait rabrouer par Marcelle qui ne veut pas admettre qu'elle puisse avoir les pieds plats et que des souliers puissent lui faire mal. Pélo n'a jamais voulu la laisser jouer avec la charrette. Comment pourrait-elle être une enfant, quand le privilège d'en être une lui est refusé? Toute son énergie est dirigée à découvrir le monde des adultes dans lequel elle ne tardera pas à pénétrer. C'est avec Louis qu'elle va partager ses découvertes.

Il fera en trois semaines des pas de géants dans le domaine de la connaissance. Il apprendra qu'un enfant peut être heureux et espiègle en toute impunité; curieux de tout ce qui touche les grandes personnes et juge de leurs options comme un petit dieu omnipotent. Il apprendra que l'amour peut naître de l'habitude, et que la séparation peut engendrer la souffrance. Il apprendra enfin qu'il y a des vérités que le coeur ne veut pas reconnaître mais que l'esprit doit accepter malgré tout.

Tous deux ont soif de tendresse et d'affection comme tous les enfants du monde. La présence du père leur fait défaut comme il est normal que cela soit quand on n'a que dix ans. Il est difficile de comprendre à cet âge-là les problèmes des grandes personnes: que leurs parents étaient mal préparés pour la vie; que la nécessité de survivre décemment les ont obligés à se séparer; ou que l'amour s'altère avec la distance ou le temps et remplace l'objet de leur tendresse. La souffrance n'épargne personne, même pas les enfants.

Le style

Avant de terminer cette étude, nous aimerions mettre en relief, au niveau des dialogues, certaines techniques de style propres à accentuer le caractère profond des personnages, et ce faisant, la valeur de l'oeuvre.

Le style est l'homme même" a dit Buffon dans son "Discours sur le style" à l'occasion de sa réception à l'Académie Française le 25 août 1753. Si le spectateur se sent parfois fasciné par la beauté de certaines tournures d'esprit lorsqu'il regarde un film, il est incapable de s'y arrêter comme le lecteur peut le faire devant un livre, ou le contemplateur devant une image. Le style échappe au spectateur sans pour autant le laisser insensible.

Nous avons déjà relevé quelques techniques de style dans les expressions qu'il faut connaître. Notamment lorsque Martine fait allusion à Simon (le Jules de Solange), ou lorsqu'elle décrit les civelles pour conclure que "c'est vachement bon à la vinaigrette."

Nous avons aussi remarqué la réponse que Louis donne à la bouchère. Toutes ces réparties nous amusent parce qu'elles sont brèves, inattendues, colorées, simples, sans prétentions, et surtout parce qu'elles sont naturelles venant des enfants. Elles illustrent leur espièglerie ou leur naïveté, nous y retrouvons la couleur de notre enfance.

Mais il est d'autres figures de style plus complexes, d'autant plus exquises pour l'esprit qu'elles s'étirent comme à loisir. Nous avons relevé l'originalité des remarques de Pélo à propos du cimetière. Considérons un instant la couleur de ce que dit Marcelle quand elle étend du linge alors que Louis vient d'arriver. Elle l'invite à manger des fraises dans le jardin.

- Tu lui coupes la queue au ras des fesses; et surtout, tu tires pas dessus hein! Et tu prends bien que les rouges. Et si la plus belle te fait saliver, c'est pas un péché de la boulotter.
- Marcelle, regarde la grosse!
- Mange-la!
- Elle est bonne. Elle est toute chaude!
- Ah ça! T'as pas fini de trouver du plaisir à la campagne!

La rapidité des images ne nous permet pas de saisir la succulence de la description et d'y reconnaître la connotation sexuelle des termes. Lorsqu'on pense à l'esprit que Marcelle entretient dans son ménage et à l'abstinence à laquelle elle se contraint, nous comprenons que le choix des mots ait pu lui être dicté par son subconscient plus qu'il n'ait été voulu. Le style direct passe de l'invitation (tu lui coupes la queue/tu tires pas dessus/tu prends bien que les rouges), au désir (si la plus belle te fait saliver, c'est pas un péché de la boulotter), à la jouissance (mange-la, à l'impératif), et à la satisfaction finale (elle est bonne, elle est chaude!)

Il convient d'ailleurs de remarquer l'importance de la couleur rouge dans le film. Quand Louis arrive chez les Lucas, Marcelle dépouille un lapin dont elle a ôté un oeil pour le vider de son sang. Sans penser que le spectacle puisse être offensant pour un enfant de la ville qui ne conçoit les lapins que comme des animaux familiers, elle lui dit innocemment: "T'as peur que j' te mette du rouge?" Pour Marcelle qui a toujours vécu à la campagne, tuer un lapin est d'une banalité si régulière, qu'elle ne soupçonne même pas la révolte intérieure que le spectacle puisse susciter dans l'esprit de Louis. Le sang concrétise l'incompréhension des protagonistes, et annonce déjà la fragilité de la relation qui existera entre eux. La réflexion tendre et amusée de Marcelle exprimée sans penser à mal, contient sans qu'elle s'en rende compte, le ferment d'un sérieux clivage.

Nous pensons aussi à Pélo qui, soûl de vin (le gros rouge est le vin que préfèrent les travailleurs français) tombe dans les escaliers et saigne. Lorsqu'il s'en aperçoit il s'écrie: "Oh putain! Ça c'est du rouge!" Sa réflexion contraste avec la nature tragique de la querelle qu'il est en train de vivre, et glace le spectateur. (Nous savons que les meilleures oeuvres sont celles où les auteurs ont su glisser des éléments comiques, au coeur des situations tragiques.)

Relevons également l'instant où Louis après l'épisode des haricots va remettre le pain dans la huche. Il ne sait vraisemblablement pas ce que peut être une huche à pain à la campagne, et il ouvre la huche à vêtements où Marcelle met son linge sale.

- C'est du sang? [dit-il].
- Presque [répond Pélo]. C'est de là qu'on vient. Probable qu'on en sort jamais. Quoi que tu fasses, c'est toujours au ventre des femelles que ça te remet. Tu verras [il boit, et Marcelle rentre].

Nous ne pensons pas que les commentaires de Pélo aient été nécessaires, s'adressant à un enfant de neuf ans qui peut ne pas les comprendre. Mais ces explications nous permettent de mieux saisir la nature de sa pensée. Pélo, comme Marcelle, lutte contre le besoin d'aimer et d'être aimé, besoin aussi naturel que celui de manger ou de boire. Tous deux appartiennent au terroir, au coeur duquel il n'est nul besoin de déguiser sa véritable nature. C'est d'ailleurs encore au cours de cet épisode que Pélo se verse un verre de vin. Nous avons déjà remarqué dans les expressions à retenir, l'ironie des propos de Marcelle à l'égard du fossoyeur; elle ne se rend pas compte qu'elle pousse son mari vers l'alcool en perpétuant sa querelle.

Toujours dans le domaine du style, nous ne pouvons manquer de remarquer comment le film est régulièrement ponctué par l'orage, métaphore de la querelle qui sépare le couple. Nous savons aussi que l'orage est le symbole de la puissance divine, et de la pluie fertilisante et bénéfique. Au début, c'est Claire qui se plaint de la chaleur. Dans le cours du film, c'est Pélo qui voudrait que l'orage éclate. Ce n'est pas un hasard si la première nuit que Louis passe chez les Lucas est une nuit d'orage. C'est le soir où Pélo retrouve sa femme dans son lit.

> -Ecoute-moi bien Pélo [lui dit-elle], à moi, tu peux me faire tout le mal que tu veux. Mais si jamais tu t'en prends à ce gamin, alors je te jure sur la tête du petit...
> - Te donnes pas la peine, va [lui répond Pélo]. Bon Dieu! si l'orage voulait éclater qu'on respire un peu!

Plus tard, quand Pélo écoute le tour de France à la radio, il donne la charrette à l'enfant et s'écrie sarcastique: "Ça a besoin d'air ici!" Lorsqu'il rentre dans la chambre de son enfant mort il répète: "De l'air! de l'air! ça pue ici!" Nous savons que la colère rentrée de Pélo et de Marcelle ne tombera qu'avec le dernier orage, et que l'eau tombée du ciel bénira un nouveau bonheur.

Nous venons de relever comment Jean-Loup Hubert eut le soin de mélanger les genres (le comique et le tragique), afin d'accentuer l'esprit et la fragilité de l'être placé dans des situations qu'il ne contrôle pas (épisode relatif à Pélo se blessant dans l'escalier). Nous aimerions mentionner le moment où Martine explique à Louis le karaté.

> - C'est quoi?
> - Du Judo, mais mieux. C'est mon père qui a appris ça en Indochine. Tiens, regarde. Avec du karaté, tu défonces les chiottes de Marcelle d'une seule main les doigts dans le nez.

Marcelle sort et s'écrie:

> - Ça sera peut-être du kataki, mais ça pourrait bien te chauffer les fesses!
> Mais qu'est-ce que c'est que ça? Mes haricots!

Nous étions prêts à devenir les complices de Martine (après tout, il ne serait pas dommage que quelqu'un s'occupe de l'esthétique de ces toilettes), quand Marcelle fit irruption pour occuper le devant de la scène. Nous ne soupçonnions pas qu'elle fût si près! Mais à peine avons-nous eu le temps de revenir de notre surprise, que nous devons réagir à son inaptitude à s'adapter aux tendances linguistiques contemporaines; nous l'entendons prononcer "kataki" pour karaté. Nous sommes obligés de sourire tout en nous inquiétant encore des suites que la colère de Marcelle peut entraîner pour Martine. Car enfin nous aimons Martine, nous sommes fiers d'elle, et nous oublions volontiers son espièglerie. Nous lui pardonnons son langage que nous trouvons quelque peu vulgaire pour n'avoir pas été poli par la connaissance. Nous savons qu'elle a le potentiel et l'intelligence qui lui permettront peut-être (si le destin lui en offre l'occasion) de devenir belle dans toute l'acception du terme, au moral comme au physique. Dans cet épisode, Jean-Loup Hubert accélère l'action et en accumule les effets. Il s'empare de notre intellect et de nos émotions pour y imprimer sa pensée conceptuelle.

Ces quelques exemples nous montrent qu'à l'image de l'écrivain, le réalisateur d'un bon film est le manipulateur astucieux de nos perceptions: il joue avec son spectateur pour mieux le mystifier, et c'est, pensons-nous, dans cette faculté que réside son plus grand mérite.

Notes

1. En 1958, date où sortit le film, les gens allaient encore à pied ou à bicyclette de par le village. Même aujourd'hui, l'essence est si chère (l'Etat prélève de lourdes taxes), que beaucoup de Français ne sortent l'auto que pour se promener le dimanche, rendre visite à la famille par exemple, ou pour aller en vacances.

2. Sorte de combinaison qui se porte par-dessus les autres vêtements pour les protéger. Quant à nous, nous avons toujours eu l'impression que tous les menuisiers s'habillaient de cette façon.

3. Cet esprit doit être attribué aux nombreuses guerres qui ont balayé la France à travers les siècles jusqu'à la deuxième guerre mondiale; périodes pendant lesquelles les Français ont souffert de pénuries de toutes sortes: destructions, manque d'hommes, de main-d'oeuvre, de produits de consommation et autres. La France a toujours attiré l'envahisseur par sa situation géographique, son climat, ses richesses naturelles et culturelles.

4. Bien que cette image de la tête coiffée d'un mouchoir nous paraisse lointaine, nous l'avons observée venant peut-être du fond des âges, soit pour absorber la transpiration, ou plus simplement pour se protéger du soleil.

Devoirs

A. Composez un dialogue ou faites des phrases qui illustrent le sens
    des expressions suivantes:
    se faire du mauvais sang - être dur(e) à cuire - se requinquer
    faire un coup en suisse - être par monts et par vaux -
    filer le train de quelqu'un - ne pas en perdre une miette -
    en avoir gros sur la patate.

B. Faites une liste des thèmes présentés dans ce film, et dites ce que le
    réalisateur Jean-Loup Hubert a voulu nous faire comprendre en
    nous les présentant.(N'oubliez pas que le film a été tourné en 1958,
    un peu plus d'une décennie après la deuxième guerre mondiale.)

C. En passant ses vacances chez les Lucas, Louis a été sans s'en
    douter le catalyseur du couple. Expliquez pourquoi. (Analysez
    brièvement la nature de la relation entre Marcelle et Louis, Louis et
    Pélo, et entre Pélo et Marcelle).

D. Nous avons affirmé dans le cours de notre étude que Louis
    apprendra qu'un enfant peut être heureux et espiègle en toute
    impunité; curieux de tout ce qui touche les grandes personnes et
    juge de leurs options comme un petit dieu omnipotent. Il apprendra
    que l'amour peut naître de l'habitude, et que la séparation peut
    engendrer la souffrance. Il apprendra enfin qu'il y a des vérités que
    le coeur ne veut pas reconnaître mais que l'esprit doit accepter
    malgré tout. Donnez des exemples qui justifient ces assertions.

E. Votre meilleur(e) ami(e) n'a jamais vu ce film. Décrivez l'histoire
    en précisant pourquoi vous l'aimez.

UN MONDE SANS PITIÉ

■ ■

Un film d'Eric Rochant
avec
Mireille Perier et Hippolyte Girardot (Nathalie et Hippo),
Anne Kessler et Jean-Marie Rollin (Adeline et Xavier),
Yves Attal (Halpern), Cécile Hazan (Francine),
Aline Still (la mère), Paul Pavel (le père),
et Patrick Blondel (J.F.)

Expressions utiles

Nous avons beaucoup hésité avant de sélectionner ce film au nombre de ceux que nous aimerions présenter. Sans être véritablement hors du commun pour des personnages de cet âge (18 à 20-22 ans environ), la façon dont ils parlent (le langage et le style qu'ils adoptent) est ordinairement condamnée par la bonne société française. Pourtant, beaucoup de jeunes manipulent ce langage activement et le maîtrisent, comme s'il s'agissait d'une sorte d'initiation, sans laquelle un adolescent ne saurait pénétrer ce monde des adultes vers lequel il tend.

Nous avons dit que notre intention était d'abord d'informer. Avant qu'ils ne se rendent en France, il convient que nos jeunes élèves sachent reconnaître, au langage et à la façon de vivre des nouveaux amis qu'ils se feront, les valeurs que le hasard de l'aventure peut placer sur leur chemin. Le séjour, qui doit les amener à découvrir une autre culture et à les enrichir, ne sera valable que dans la mesure où ils sauront choisir leurs fréquentations. Toutes les sociétés présentent des dangers, et c'est le caractère insidieux et déterminant de ceux-ci que nous avons voulu présenter ici. Une observation faite par un jeune français que nous questionnions sur ce film nous vient à l'esprit: "Il ne faut pas croire que tous les jeunes sont comme ça," nous dit-il. Tous ne sont pas comme ça, mais tous les jeunes les côtoient, parce qu'ils sont dans la société, que ce sont des parasites, et qu'ils rôdent sans cesse pour y trouver leur proie.

Voici donc dans l'ordre de leur présentation, quelques expressions que toute personne avertie doit savoir reconnaître, sans pour cela toutes les adopter:

En vouloir à quelqu'un: entretenir le désir profond de se venger d'une offense.

N'avoir que dalle: ne rien avoir.

Etre un con: être un sot.

Au début du film une voix lit ce que Hippo dira plus tard à la jeune receptionniste de l'Ecole Normale Supérieure:

- Si au moins on pouvait en vouloir à quelqu'un! Si même on pouvait croire qu'on sert à quelque chose! Qu'on va quelque part!
Mais qu'est-ce qu'on nous a laissé? Des lendemains qui chantent? Le grand marché européen! On n'a que dalle! Y'a plus qu'à être amoureux comme des cons; et ça, c'est pire que tout!

Virer une bagnole: changer une voiture de place.

Hippo a garé sa voiture le long du trottoir; la voiture de Denis le bloque et l'empêche de sortir. Assise dans la voiture de Denis, Nathalie lui demande:

- Vous voulez sortir?
- Tu vas virer ta bagnole, oui?
- Je sais pas conduire; j'attends quelqu'un.

Remarque: le tutoiement et le vouvoiement reflètent déjà la classe sociale des intéressés, et établit la différence qui existe entre l'éducation et les rapports sociaux, ce que le film ne cessera de souligner dans son développement[1].

Foutre: faire.

Denis arrive et demande à Hippo assis à la place du conducteur:

- Qu'est-ce que tu fous là?

Faire chier: façon mal élevée de dire embêter/importuner/agacer.

Putain, merde: Exclamation de colère, d'indignation ou de surprise d'une personne mal embouchée.

Hippo aux gendarmes qui viennent d'arrêter sa voiture:

- Ça vous amuse de faire chier le monde hein? C'est ça? On est des nuls, putain, merde!

[Il n'est conseillé à personne de suivre cet exemple.]

Avoir une grande gueule: parler fort ou parler beaucoup trop, sans pour cela agir efficacement. Au sens propre on dit la gueule d'un animal, et par extension c'est aussi le visage de quelqu'un que l'on méprise.

La fermer: (sous-entendu: la grande gueule) se taire.

Réponse du gendarme à Hippo:

- Eh! dis donc toi! T'as une grande gueule. Tu vas vite la fermer hein?

En avoir ras le cul: en avoir marre/en avoir assez.

Réponse de Hippo:

- Ouais, j' vais la fermer. J'en ai ras le cul moi, d' me faire arrêter. J'ai pas de travail, j'ai pas d' maison, j'ai une bagnole pourrie...

Remarque: le Français dit le plus souvent "ouais". Cette façon de parler implique une certaine désinvolture qui pourrait bien masquer de la timidité. Se remarque surtout chez les jeunes.

Se griller: dans ce contexte devenir indésirable.

Stéphanie à Halpern:

- Tu peux pas savoir à quel point tu t'es grillé. J'en ai pitié pour toi! Tu es vulgaire, médiocre, fainéant.

Lâcher la grappe: laisser tomber/arrêter.

Halpern à Stéphanie:

- Tu es vulgaire, médiocre, fainéant...
- Non mais tu vas nous lâcher la grappe oui?

Faire le mollusque: individu mou, sans énergie. Un paresseux.

Stéphanie à Halpern:

- (...) c'est parfait. Va faire ton mollusque ailleurs. Moi, j' ferai désinfecter l'appartement.

Un gosse: un enfant.
Halpern à Stéphanie avant de monter dans la voiture de Hippo:

- Allez, Stéphanie, écoute-moi, écoute-moi, hein? Si on faisait un gosse!
- Mon pauv' vieux, tu veux faire un enfant! Encore faudrait-il que tu sois un homme!

Savoir à quoi s'en tenir: accepter la réalité.
Halpern à Hippo en montant dans la voiture:

- Et ben voilà! Moi, j' sais à quoi m'en tenir!

Avoir de vieux comptes à régler: Explication (parfois violente), qui aurait dû avoir lieu depuis longtemps entre deux adversaires.
Halpern se confie à Hippo en attendant que Nathalie sorte du club:

- C'est fatal que je ressorte avec Dora, c'est fatal! Il suffisait qu'on se croise, parce qu'on avait de vieux comptes à régler.
- Ouais. Stéphanie est jalouse.

Passer l'éponge: oublier.
Se faire larguer: être abandonné par quelqu'un dont on se croyait aimé.
Halpern précise:

- Elle déteste Dora; alors comme c'est c' qui peut lui arriver de pire, alors elle passe l'éponge. Mais pour Natacha, ça, elle peut pas pardonner.
- T'es sorti avec Natacha?
- Y'a une semaine; par hasard.
- Pas mal! Ouais, pas mal! Oh, c'est vrai....Tu viens de te faire larguer, hein?

Un salaud: un homme méprisable. Ici, Halpern admire l'audace de Hippo.
Halpern aperçoit Nathalie qui sort du club privé en robe du soir, et s'étonne de la qualité de la dernière conquête de Hippo:

- Putain, mon salaud! Fils de salaud!

Se casser: partir. On dit aussi "se barrer." C'est le terme qu'emploiera Hippo quand il conseillera son frère Xavier pris en filature par la police. (On appelle aussi celle-ci "les flics.") Ici, Hippo annonce à Halpern qu'ils peuvent partir:

- Allez, on peut se casser.

Un type/un mec: un jeune homme.
Une nana: une jeune fille.
Hippo essaie de se renseigner auprès de Xavier:

- Dis-moi un truc là. Qui c'est ce type qui était là hier soir avec la nana qu'attendait en bas. Tu connais?
- Qui ça? Denis? C'est un mec de mon ancien lycée.

Une bosseuse: une élève qui travaille sérieusement.
Xavier à Hippo:

- Il l'a rencontrée à la Bibl. de Normale Sup. je crois. C'est une bosseuse.

Ficher le camp: s'en aller (ficher est employé par euphémisme pour "foutre").
Hippo décrit Nathalie à la réceptionniste pour connaître son nom:

- Mais c'est pas un centre de renseignements, ici!
- Soyez sympa, vous avez bien une liste.
- Pas question. Et fichez-moi le camp!

Remarque: "Pas question" est une façon de dire "il n'en est pas question." Encore une fois, nous remarquons qu'entre gens susceptibles de se comprendre à mi-mot, la moitié de la phrase a été sacrifiée au profit de la rapidité de la communication intellectuelle. Nous remarquons aussi que Hippo ne tutoie pas la jeune fille comme les jeunes gens du même âge le font généralement dès le premier contact. Hippo a besoin de sa complicité, donc il observe une distance de jeune homme bien élevé. Il sera satisfait. Quand il a rencontré Nathalie au début du film et qu'il lui a parlé sans l'avoir véritablement dévisagée pour découvrir si elle était mignonne ou pas, il la tutoie sans l'ombre d'une hésitation. Après tout, la nana bloque son auto et l'empêche de partir. Ce n'est qu'après avoir vu son visage qu'il commence à flirter.

C'est clair comme de l'eau de roche: comparaison accentuant la pureté d'un concept. Synonyme: c'est évident.
Nathalie dans l'auto de Hippo:

- Tu veux que j'descende?
- Ouais.
- Très bien. Arrête-toi. Arrête-toi!
- J'en étais sûr, j'en étais sûr!
- De quoi?
- Tu es amoureuse de moi! Mais bien sûr! C'est clair comme de l'eau de roche!

S'écraser: ne plus insister.
Se tailler: s'en aller.
Rigoler: utilisé pour le verbe rire.
Au cours de la partie de poker un des joueurs abandonne la mise:

- Je m'écrase. T'avais?
- Fallait payer pour voir.
- Il se taille.
- Tu rigoles?
- Ecoutez les mecs, j' vous jure j'ai une bonne raison.

Avoir du cul: avoir de la chance.
Des naz (ou nases): expression populaire pour les nez.
Au café J.F. raconte à Hippolyte la présentation du jeu lors de la dernière partie de poker:

- Comment tu les as bluffés! Là, t'as fait très très fort hein! Ils étaient furieux. Ils y reviennent. Ils croient que tu as eu du cul, ces naz là! Si on faisait équipe toi et moi?

Se mener le cul:(expression très mal embouchée) se dépêcher.
Hippo à J.F.:

- Putain J.F., t'as trois billets à compter!
- Je sais. J'ai pas dormi. J' suis mort!
- Moi non plus j'ai pas dormi, putain! Mène-toi le cul!

Etre viré: être renvoyé.

Se tenir à carreau: rester tranquille. Ne pas attirer l'attention sur soi.

Avoir un trou: manquer d'argent (l'argent est aussi aussi appelé du "fric").

Hippo est allé voir le directeur du lycée que fréquente Xavier:

- Qu'est-ce qu'ils ont dit?
- Tu es viré pendant 15 jours.
- Pas mal!
- J'ai réussi à t'éviter l'exclusion définitive, alors maintenant tu te tiens à carreau: tu fumes plus, tu donnes plus, tu vends plus, c'est compris?
- De quoi on va vivre alors?
- Pas au lycée j' te dis!
- O.K.
- Si t'as un trou, t'as qu'à demander une augmentation à Maman.

Quoi de neuf: quelles sont les dernières nouvelles?

Hippo au marchand de journaux:

- Alors, quoi de neuf?
- Le patron exploite les salariés, le capital profite de la plus-value, et le prolétariat se paupérise. Rien de neuf.

Sonner quelqu'un: solliciter l'avis de quelqu'un.

Hippo à Xavier chez leurs parents:

- Mais il est pas question d'avoir envie, il est question d'avoir du fric!
- On t'a sonné, toi?
- Mais Xavier a raison [dit le père].

Un pote: un ami qu'on aime bien.

Chez Nathalie, Hippo lui parle de ses invités:

- Tu les vires?
- Vous exagérez quand même, c'est mes amis!
- Oui, c'est bien pour ça qu' c'est toi qui vas les virer. Pas nous [dit Halpern].
- Toi aussi, tu t' casses, mon pote.

Défriser: contrarier.

Hippo à Nathalie:

- On va pas se marier de toute façon. Bon, alors j' te demande rien moi. Qu'est-ce qui t' défrise?
- Ce qui me défrise, c'est que tu sois un parasite.

Un de ces quatre: dans le présent immédiat.
Hippo demande à Xavier combien de temps il faut pour obtenir un passeport:

- Il est possible que j'aille aux U.S.A. un de ces quatre.
- Toi, à l'étranger?
- Y'a des jours où il faut faire des concessions.
- C'est la meilleure!

Remarque: Hippo veut dire un de ces quatre matins. Les deux frères se comprennent sans aller au bout de leur phrase. Xavier fait la même chose quand il veut dire "c'est la meilleure nouvelle!" Même observation que précédemment au niveau de la compréhension.

Se mettre au vert: aller se reposer à la campagne. (Dans ce contexte, Hippo recommande à son frère de s'éloigner pour que la police perde sa piste.)

- T'en fais pas, ça doit pas être grave. Ils doivent avoir des doutes, mais c'est tout. Tu vas te mettre au vert.
- Au vert? Comment ça? A la campagne? Mais t'es fou! il faut que je voie Adeline!
- Tu la verras plus tard. Tu dois te barrer maintenant.
- Tu crois que j' vais aller en prison?
- Mais non, connard! Tu vas pas aller en prison! On va pas en prison parce qu'on a vendu un gramme de coke! On n'est pas des bandits!

Etre un raté: être un bon à rien.
Le père à Hippo:

- (...) Non seulement tu es un raté, mais tu as laissé aucune chance à ton frère. Bravo!

Trimer: travailler en faisant beaucoup d'efforts à une besogne pénible.
Hippo et Halpern à l'aéroport:

- Elle est dure avec toi!
- Elle est pas dure, ça n'a rien à voir! Putain! Va falloir trimer encore.

Aspects culturels

Nous sommes en octobre 1988 à Paris, et le monde où nous pénétrons est un monde de jeunes gens livrés à eux-mêmes, libres. Examinons leur potentiel, les choix qui se présentent à eux et leurs options.

Hippo est le personnage central, autour duquel tout un monde pivote. C'est un français d'origine, attirant pour plusieurs raisons. Il est beau, grand, élancé et sensiblement plus vieux que son entourage. C'est un adulte qui n'a pas encore fait ses preuves, mais que la plus grande partie des jeunes acceptent et respectent. Il représente l'image du personnage qu'ils seront demain, c'est à dire quand ils auront terminé leurs études et qu'ils chercheront du travail. Une période difficile entre toutes, qu'ils devront vivre positivement, en sauvant la face. Hippo a un physique qui inspire confiance. Il plaît. C'est aussi le frère aîné de Xavier.

Ses parents lui ont confié leur plus jeune fils pour qu'il l'aide à préparer l'examen du baccalauréat auquel il vient d'échouer. Xavier a donc 18 ou 19 ans. Considérons tour à tour les rapports entre Hippo et ses parents, son frère, et ses amis.

Le diplôme du baccalauréat est indispensable pour trouver un travail décent dans la société. Celui qui n'a pas le baccalauréat est considéré comme étant de ceux qui ne sont pas intellectuellement doués, ou comme des ratés. D'où l'importance que tous les Français moyens accordent à l'obtention de ce diplôme qui est l'équivalent (au niveau de maturité des études) de deux années universitaires aux Etats-Unis.

Quand les deux frères rendent visite à leurs parents (où ils devaient arriver à 7 heures alors qu'ils étaient encore chez eux à 7 heures et demie), nous comprenons en voyant l'intérieur de la maison qu'ils sont d'origine modeste (comme le sont tous ceux pour qui il est impérieux de travailler pour vivre), mais honnête. L'un des grands-pères était un bosseur nous dit le père, l'autre avait travaillé dans les mines nous dit la mère. Ces parents représentent la petite bourgeoisie contemporaine. Leur intérieur est presque exigu, décemment meublé de style moderne, mais utilitaire. La mère parle peu, et le langage du père n'est pas particulièrement soigné. Les vêtements qu'ils portent sont à l'image de leur goût qui reste simple, de modèle standard. La joie des parents à recevoir leurs enfants est authentique. C'est presque une fête. La mère a trop préparé à manger. La conversation qui a lieu entre Hippo et son père lorsqu'ils sont seul à seul à la fin du repas, confirme d'une part la valeur accordée au diplôme, et d'autre part la modestie de leur situation financière. A deux reprises le père insiste sur la nécessité pour Xavier d'être reçu à son examen:

> - Dis-moi. Il faut absolument que tu laisses ton frère travailler; parce que s'il rate son bac cette année, ça va être catastrophique.
> - Mais moi j' le laisse, moi!
> - Non, mais faut qu' tu l'aides. Toi, tu révisais à la maison, alors tu l'as eu. Quand t'as décidé d'arrêter tes études, c'était ton choix! Mais lui, tout seul, ben il foutra rien. Il faut que tu l'aides. Avec toi derrière lui, il a toutes ses chances. Il t'écoute, il t'admire si tu veux...
> - Ouais.
> [C'est à ce moment là qu'apparaît Xavier dans l'entrebâillement de la porte, faisant des signes joyeux derrière son père en indiquant qu'ils peuvent partir.]
> - Non, mais j' suis sérieux. On a de quoi lui payer ses études. C'est pas un problème. Mais il ne doit pas prendre trop de retard; tu l'aideras?
> - C'est vrai. Je l'aiderai.
> - Bon. Promis?
> - Ouais.

Le père assume son rôle, résume la situation de Xavier comme il la voit et donne des conseils, même si son influence est devenue aléatoire, puisque hors de chez lui, les enfants font ce qu'ils veulent. D'après ce que dit le père, nous pouvons déduire que leurs moyens sont vraiment modestes, puisque la question de pouvoir payer les études de Xavier pourrait être posée. Il dit à Hippo que ce n'est pas un problème. Ces affirmations mises en parallèle avec les recommandations de Hippo à son frère (de ne parler à leur mère qu'en l'absence du père "(...)si Papa est là, t'as aucune chance"), nous montre qu'il est conscient des sacrifices financiers des parents, ce qui ne lui donne aucun remords, et accentue notre réprobation à son égard. Nous pouvons penser que les signes joyeux de Xavier dans le cours du dialogue voulaient indiquer à son frère qu'il avait eu satisfaction auprès de leur mère, à qui il devait demander une augmentation[2].

Le dialogue nous apprend aussi que Hippo a choisi d'arrêter ses études. Comme la très grande partie de la petite bourgeoisie française, il n'y a pas de sacrifices que les parents ne feraient pour que leurs enfants continuent leurs études. Ils veulent leur offrir ce qui leur a été refusé, les moyens de se cultiver[3]. Tout en leur assurant un avenir meilleur que le leur, le succès des enfants entérine leur capacité existentielle, et les élève tant soit peu dans la hiérarchie sociale. Nul doute que les parents de Hippo ont été déçus, bien qu'ils n'en laissent rien paraître. Hippo est leur fils, ils l'aiment. En lui permettant de vivre avec son frère dont ils assument la charge (en payant sans doute le loyer et l'entretien), ils croient aider leurs deux enfants à éviter les écueils que la vie ne manquera pas de leur présenter. Ils sont convaincus que l'influence de Hippo sur Xavier ne peut être que positive, et que ce dernier travaille sérieusement. Nous savons comment ils découvriront le vrai visage de leurs fils.

L'amour qu'ils vouent à leurs enfants, et la confiance qu'ils ont dans la connaissance qu'ils en ont, les empêchent de les soupçonner de tout mal. Plusieurs raisons ont dû les déterminer à adopter la façon dont ils vivent. Les jeune gens sont suffisamment grands pour avoir voulu leur indépendance. Outre cela, Hippo a certainement plus de chance de trouver du travail au coeur de Paris qu'en banlieue. Xavier a échoué au baccalauréat. Ce n'est pas un crime aux yeux des connaissances, mais ce n'est pas une gloire, quand on connait l'importance accordée au succès des études par les classes sociales, petites et moyennes. Eloigner Xavier, c'est mettre une distance avec ses anciens copains qui ont sans doute été plus chanceux que lui, mais c'est aussi lui éviter de redoubler une classe avec des plus jeunes susceptibles de réussir l'examen, qui pourrait bien lui échapper une deuxième fois. Rappelons-nous les termes de son père: ce serait catastrophique, il faut absolument qu'il travaille, il faut l'aider.

Mais revenons aux premières images du film, maintenant que nous avons un aperçu du passé immédiat des jeunes frères.

Les premières images caractérisant leur univers privé nous permettent déjà d'en présumer la nature. Le téléphone sonne. C'est Francine qui veut parler à Hippo. "T'es con quoi, j'ai dit... Je t'ai dit qu' pour Francine, j'étais jamais là." Francine est une jeune professionnelle apparemment un peu plus âgée que Hippo, sans doute généreuse. Il ne l'aime pas et il a décidé de s'en libérer. Ceci se passe avant même qu'il ne rencontre Nathalie. Cette décision pourrait être louable, si Hippo ne se servait de son frère pour sortir d'une situation qu'il a créée, et qu'il ne désire plus. Si Francine ne peut pas joindre Hippo au téléphone, elle peut le surprendre chez lui au réveil. En venant équipée de croissants, il semblerait qu'elle ait l'intention de continuer la relation qu'elle entretient avec Hippo, même si celui-ci essaie de prendre ses distances. Mais ils se disputent, et Xavier assiste à leur dispute. Après le départ de Francine, les deux frères échangent des propos venimeux qui nous les révèlent. Ecoutons leurs propos:

- Alors, la fièvre monte?
- Toi, tu me casses les couilles.
- T'as déjà des remords?
- Pauv' con va! T'as pas quelque chose à faire non? Du chit à couper?
- Du chit à couper, oui, j'en ai du chit à couper; et toi, qu'est-ce que t'as
à faire, toi? T'as jamais rien à faire, toi! A part enculer les mouches.

Si Hippo nous a paru sympathique d'aspect et d'allure, nous sommes
édifiés sur sa moralité. Qu'il soit en colère contre Francine qui l'a contraint
à lui parler franchement alors qu'il s'esquivait, est concevable. Que le
jeune frère ait manqué de tact en entretenant un sujet qu'il (Hippo)
préférerait oublier, nous pouvons le comprendre. Mais quand il est grossier
et admoneste Xavier de "couper du chit" au lieu de s'occuper de ses
affaires, Hippo perd toute notre sympathie et notre capacité à essayer de
le comprendre. Ce grand frère qui n'a "jamais rien à faire" et qui avoue,
comme il l'admettra à Nathalie qu'il vit aux dépens de son plus jeune
frère, dépasse la limite de notre tolérance. Nous regrettons qu'une aussi
jolie "gueule" puisse avoir l'esprit si corrompu, puisse l'admettre et vivre
sans aucun remords de conscience. Si avant de le juger nous devons
considérer les excuses qu'il peut avoir, c'est d'avoir été mal préparé à
respecter les valeurs humaines, celles du coeur et de la morale.

La première fois qu'ils rendent visite à leurs parents, le père reconnaît
qu'ils sont tous deux aussi fainéants l'un que l'autre[4]. "Je ne sais pas d'où
ça vient" dit-il. Cela vient peut-être du fait que les temps ont changé et ne
se ressemblent pas. La culture a changé. Les générations précédentes et
celle du père même, vivaient dans un monde clos que l'histoire avait mal
traversé. Deux guerres mondiales avaient rendu les frontières vulnérables,
et rien ni personne ne les traversait sans avoir été strictement filtré, identifié
et catalogué. Avec la paix et la libre circulation (progression géométrique
des moyens de locomotion, mobilité des gens et des produits, rapidité des
échanges), la société cosmopolite s'est imposée sur un échiquier de plus
en plus grand, et a dénaturé sporadiquement les valeurs culturelles de la
France. Il est mondialement connu que Paris l'été n'abrite que des
étrangers, où le commerce et la force de police sont les seuls témoignages
visibles des valeurs françaises. Avec les médias qui le reste du temps
bombardent la population d'une publicité à caractère exotique, érotique
et coloré, les valeurs traditionnelles sont sujettes à être progressivement
altérées. La France s'américanise petit à petit par le truchement du blues,
du rock , des films, des jeans, et de tout ce qui constitue le stock importé.
La drogue est un problème mondial. Dès lors, il est compréhensible que

confrontés à la réalité plurielle et à la nécessité de survivre, certains jeunes se sentent désespérés, surtout si leur préparation est inadéquate[5.] Le progrès exige que l'homme s'adapte. S'il ne le peut pas, il ne lui reste plus "qu'à être amoureux comme des cons, et ça, c'est pire que tout." C'est ce personnage que Hippolyte Girardot incarne pour nous à l'écran, la perspective effrayante du "mec" moderne, désabusé et sans espoir[6]. D'où la nécessité pour les jeunes de travailler et de s'armer pour confronter la vie, comme le fait Nathalie.

Une question demeure: comment Xavier peut-il écouter et admirer son frère comme le prétendait le père, et pourquoi?

Nous avons pu observer que Xavier imite son frère dans la façon dont il traite Adeline. Celle-ci lui téléphone une première fois quand les deux frères s'apprêtent à rendre visite à leurs parents. La deuxième fois, quand Xavier reçoit un gars en aparté, et montre à Hippo ce que la Brésilienne, qui a dû partir en catastrophe (voir plus loin la citation relative à cet épisode), lui a laissé pour rien. Xavier demande à Hippo de répondre à Adeline qu'il n'est pas là. Ce dernier demande alors ce qui se passe avec Adeline. Plus tard, nous la voyons chez eux en compagnie de Nathalie. "Tu peux dire à Hippo de dire à son frère que je suis venue?" demande-t-elle. Plus tard encore c'est Hippo qui la reçoit. Une fois de plus Xavier lui demande de dire qu'il n'est pas là. Elle pleure.

> - Tu parles, chaque fois que j' l'appelle, il s' cache. Je ne sais pas ce qui lui prend.
> - Mais non, il est occupé, c'est tout. Si j' le vois, j' lui dis de t'appeler.
> - C'est ça. Dis-lui de m'appeler. Vous arrangez toujours vos affaires ensemble."

Xavier traite Adeline de la même façon que Hippo traitait Francine (voir plus loin notre étude sur Hippo et Halpern); comme si la jeune femme n'était à leurs yeux qu'un objet sexuel dont ils peuvent disposer à loisir, sans se soucier du mal qu'ils peuvent faire. Leur égoïsme les rend aveugles à la voix du coeur qu'ils sont déterminés à ne pas entendre. Ils se conduisent comme de jeunes coquelets arborant un étendard gaulois qui les promouvrait coqs de la tribu.

Il nous faut cependant reconnaître qu'une nouvelle dispute fait comprendre à Xavier que son frère n'approuve pas sa manière d'agir. En fait, lorsqu'ils lavent leur linge, Xavier confie à son frère qu'il a appelé Adeline aussitôt après l'incident. Ils en riront ensemble. Rire de complicité de ceux qui ne savent pas avouer leurs sentiments. Quand Hippo lui intimera l'ordre de se rendre chez son grand-père, Xavier, qui était allé chercher un cadeau pour Adeline, s'écriera désespéré: "Mais tu es fou, il faut que je voie Adeline!" Il ne savait pas qu'il s'était mis à l'aimer; parce qu'il est jeune, qu'il doit tout apprendre du monde des adultes où il pénètre, et qu'il ne sait même pas encore analyser les mouvements de son coeur. C'est peut-être pourquoi il imite son grand frère, comme s'il comptait sur lui pour lui montrer le chemin à suivre.

C'est encore Hippo, bien sûr, qui va redresser sa situation auprès du proviseur quand il se fait expulser de l'école.

> - (...) tu fumes plus, tu donnes plus, tu vends plus. Compris?
> - De quoi on va vivre alors?
> - Pas au lycée j' te dis!

Dans cet échange, Hippo conseillerait utilement si ce n'était pour une mauvaise fin: pas au lycée où il y a des risques, mais n'importe où ailleurs où il y en a moins. Hippo nous confond. Nous savons qu'il joue au poker et qu'il gagne de l'argent. Beaucoup d'argent. Il bluffe. Nous savons qu'il s'est fait entretenir par une femme (Francine), qu'il se fait indirectement entretenir par ses parents (en vivant sous le même toit que son frère), et qu'il soutire de l'argent du trafic que fait Xavier. Tout ceci au nom de son gentil minois, de sa jeunesse et de sa charmante désinvolture.

C'est lui qui court dans la cuisine pour remettre le compteur en marche quand se présente l'agent de l'EDF (lisez "Electricité de France) pour relever la consommation électrique[7]. En fait, Hippo joue avec le feu; et nous ne sommes pas du tout certains en tant que spectateurs, qu'il puisse s'adonner à ce genre d'activité en toute impunité pendant longtemps. La jeunesse de Xavier, son manque d'expérience, risquent de lui faire faire une imprudence qui pourrait lui coûter cher.

Revenons à l'épisode de la Brésilienne qui dut partir en catastrophe (synonyme de fuite).

> - C'est quoi? De la coke? T'es débile ou quoi? T'es vraiment le roi des cons, toi!
> - Pourquoi?
> - Tu vas me faire le plaisir de la couper vite fait; de la vendre super cher, et que personne t'en r'demande. T'as compris ça? T'as pas à discuter, putain! Combien d' fois j' t'ai dit qu'il fallait pas dealer de la coke! Après ça va venir tout seul et tu pourras plus t'arrêter! Arrête de déconner, merde! Elle t'a déjà rapporté du fric?

- Oui, pas mal.
- Donne-moi un peu, ça te fera pas de mal.

Hippo ne cesse de nous décevoir. Nous aurions aimé que ses craintes aient été assez grandes pour obliger son frère à renoncer à ce genre d'activité. Il faut toute l'inexpérience et toute la naïveté d'un Xavier pour continuer un trafic de plus en plus dangereux pour lui même (sa liberté, son avenir), et pour ses victimes. Xavier manipule comme il est manipulé[8], et l'amour qu'il porte à son frère est aveugle. L'argent dont Hippo s'empare à cette occasion nous le rend encore plus abject. La démesure qu'il y a entre son aspect physique et moral nous atterre. Quand Xavier craint la prison, Hippo essaie de le rasséréner en minimisant le danger. "Mais non, connard! tu vas pas aller en prison. On va pas en prison parce qu'on a vendu un gramme de coke! On n'est pas des bandits!"[9] Certes le spectateur espère qu'à la campagne, Xavier comprendra sa leçon.

Revenons à la dispute qui eut lieu entre Hippo et Francine au début du film, afin de déterminer exactement la nature de cette relation. Francine a clairement senti que Hippo veut la quitter. Si la jeune femme en éprouve du dépit, elle voit derrière le mutisme persistant de Hippo la lâcheté de l'homme qui, nous dit-elle, l'appelait certains soirs pour la supplier de venir. Il est toujours vexant pour une femme de s'apercevoir qu'elle aimait un goujat. Il semblerait que sa colère et sa révolte soient aussi bien dirigées envers elle-même que contre Hippo. L'aimait-elle vraiment? Sensible à l'attention que Hippo lui portait, elle s'était peut-être laissée aller à l'aimer. "On n'est pas obligés de se quitter comme des chiens; et en plus, c'est moi, qui ne veut plus te voir" lui dit-elle. A la fin du film, c'est Hippo qui reviendra la voir dans son bureau pour l'inviter à venir manger chez lui ce soir-là. C'est quand tout s'écroule autour de lui. Son frère est sans doute parti chez le grand-père à la campagne, les parents ont été perquisitionnés par la police et sa mère a refusé de le voir, et surtout c'est Nathalie qui le méprise et le quitte pour aller enseigner des cours pendant un an à Boston. Il récupère Halpern dans les escaliers, Halpern qui s'en allait vivre chez son père; et si Hippo n'est plus seul, ils sont maintenant deux à être sans ressources. C'est alors qu'instinctivement Hippo se rend chez Francine, ayant sciemment opté pour le bifteck. Malgré son apparente froideur, Francine cède et se rend chez Hippo pour découvrir qu'elle a été jouée. Elle aurait dû se rappeler ce qu'elle lui avait prédit quand ils s'étaient disputés[10]; elle se serait évité une deuxième déconvenue tout aussi dévastatrice pour son amour-propre que celle qu'elle eut lors de leur première dispute.

Halpern est le copain avec qui Hippo partage son temps quand il n'a rien à faire. Il est son miroir et il ne verrait sans doute aucun inconvénient à faire un enfant à Stéphanie pour se faire entretenir[12]. Mis à la porte de chez elle, il se réfugie chez Hippo et devient une "moule" au milieu du salon (en admettant que ce puisse en être un). Nous venons de dire que devenu indésirable dans ce salon, Halpern s'apprêtait à se réfugier chez son père quand Hippo le récupéra dans les escaliers[12]. Nous savons aussi qu'un an plus tard, il est encore en compagnie de Hippo à attendre Nathalie à l'aéroport. Rien ne semble avoir changé pour eux pendant l'absence de Nathalie, et les crises qu'ils ont traversées dans le passé, ne semblent guère avoir changé quoi que ce soit à leur philosophie. Halpern est un séraphin d'Afrique du Nord; un marginal sans emploi et sans horizon.

Nathalie Rosen est une ashkenaze; une juive d'Europe de l'Est. Halpern semble bien connaître l'histoire des ashkenazes.

- (...) dès qu'elles cessent de travailler, elles ont peur qu'on vienne les arrêter pour les mettre en camp.
- Tandis que vous, vous n'avez pas peur, alors vous foutez rien?
- C'est elle qui t'a mis ça dans la tête? C'est bien les ashkenazes! Tu sais ce qu'ils disent? Vaut mieux se marier avec un goy qu'avec un séraphin.
- Et bien c'est bon! J'ai mes chances alors!
- Oui. En même temps, imagine! T'es goy, et tu fais rien dans la vie. Alors c'est toute la famille qui va se cacher dans la cave!

Halpern définit ici pour nous les raisons qui rendront impossible au niveau de l'assimilation ethnique, la légitimation d'une union entre Nathalie et Hippo. L'histoire du film nous fait comprendre les autres raisons qui la rendent improbable.

Nous venons de décrire les préoccupations journalières de nos deux compères; mais ce serait compter sans les surprises que peut apporter la vie. Sans qu'il s'en aperçoive ou sans vouloir le reconnaître, Nathalie prend insensiblement plus de place dans le coeur et dans la vie de Hippo. Essayons de suivre comment les sentiments peuvent altérer sa philosophie, sans pour autant la changer.

Dès le premier contact, nous observons la tactique employée par Hippo pour conquérir les jeunes filles. L'arrivée de Denis met fin à son baratin, et l'oblige à s'en aller sans savoir qui est Nathalie et s'il pourra la revoir. Cette première difficulté attise sa hâte à la retrouver[13]. Il met sa logique au service de sa recherche, même si cette recherche devait s'avérer longue et incertaine. Par bonheur, Nathalie l'aperçoit à la sortie d'un club privé où ses prétendues excuses n'avaient pas réussi à le faire admettre. Satisfait d'avoir éveillé sa curiosité, il s'en va, toujours en compagnie de Halpern. Il sait qu'elle ne peut manquer de se demander ce qu'il faisait là, et de conclure qu'il venait pour la voir. Rentré chez lui, il demande à Xavier s'il connaît Denis et ce qu'il sait sur Nathalie. Hippo se met à la rechercher jusque dans son école; il la retrouve par hasard devant l'arrêt de l'autobus qu'elle est en train d'attendre après ses classes. Bien que l'enchaînement des événements puisse nous paraître quelque peu invraisemblable, nous admettons que le hasard puisse nous surprendre, et nous l'acceptons lorsqu'il se manifeste, sans trop le questionner. Après bien des hésitations, Nathalie accepte de monter dans la voiture de Hippo qui apprend ainsi où elle habite. Le fait qu'elle ait été pressée par un inconnu d'accepter l'invitation de Hippo montre combien nous sommes vulnérables aux influences qui nous entourent, sans que nous prenions le temps et le soin d'en évaluer l'autorité. Ce moment fugitif et banal entre tous qui l'engage à monter dans la voiture de Hippo va s'avérer décisif au niveau des sentiments de Nathalie, de son bonheur immédiat, et peut-être de celui de son avenir.

Nathalie est suffisamment intriguée par Hippo pour lui téléphoner au café où il joue au poker, et l'inviter à venir chez elle. C'est au cours de cette soirée, quand elle découvre qu'il vit aux dépens de son frère, qu'il la grise avec un peu de poésie, et partage sa couche. La conquête fut rapide et surprend tant soit peu le spectateur. Nous savons qu'en 1988 le sida menaçait déjà les relations sexuelles; c'est sans doute pourquoi la rapidité et la facilité de la conquête nous inquiète. Nous trouvons difficile d'admettre qu'une jeune intellectuelle et future pédagogue (elle fréquente l'Ecole Normale Supérieure qui prépare les candidats à l'enseignement), ait pu succomber si vite aux charmes des apparences. Ne manquons pas de souligner les dangers auxquels les jeunes femmes s'exposent quand, comme Nathalie, elles restent sourdes à la voix de la raison, et cèdent aux élans du coeur et du corps. Hippo est candide et nous surprend. Il se regarde sans mentir. Il est si honnête que nous nous demandons si ce n'est pas de sa part une autre façon de masquer la vérité: sembler n'être bon à rien, c'est défier le jugement que Nathalie peut ainsi porter sur lui. Elle eut trois semaines pour y réfléchir. Trois semaines, pendant lesquelles l'attachement progressif de Hippo est visible à la mauvaise humeur qu'il manifeste en plusieurs occasions: à la façon dont il parle à JF[14] et à Halpern, et à la façon dont il monopolise le téléphone. Après son retour, Nathalie le questionne sur ses études et sur son emploi du temps, comme si elle avait besoin de se persuader qu'il n'est vraiment pas un bon à rien. Quand elle le quitte pour aller travailler, Hippo enregistre, pour la première fois peut-être, son inaptitude à imposer sa volonté.

> - Non, mais regarde-moi! Regarde-moi bien, hein? Maintenant, regarde autour de toi. Il y a 30.000 nanas ici. Il y en a une seule qui se casse, et c'est celle qui m'intéresse. Mais putain, mais cassez-vous! Cassez-vous toutes! Allez travailler! Allez voir vos Russes! Mais laissez-moi celle-là! Reste! Je t'en prie, reste!
> - Je peux pas. Je t'appelle.

Dans l'échelle des valeurs, Nathalie a placé le travail au-dessus du plaisir. Craignant d'être "largué," Hippo se rend là où Nathalie est en train de travailler et se conduit en mufle intolérant et entier. En fait, Hippo éprouvait le besoin de se rassurer. Comparons ce que dit alors Nathalie avec la description que nous donnait Halpern à propos des Ashkenazes. Hippo vient de couper la communication électronique qui permettait à Nathalie de traduire ce que disait le professeur russe. Il part; Nathalie le rejoint :

> - C'est pas toi qui va décider quand on se verra ou non, crois-moi!
> - Ecoute! Je ne sais même pas pourquoi on se voit. Qu'est-ce que je vais devenir avec toi?
> - Quoi, qu'est-ce que tu vas devenir? Tu vas rien devenir!
> - Je ne te connais pas. Tu débarques, tu repars, pas de travail, pas d'horaire; tu ne peux t'accrocher à rien.
> - Tu veux quoi? Faire des histoires? Tu veux que je fasse des trucs, que je me déguise?
> - Je n' veux pas que tu t' déguises, je veux savoir où tu en es. Ce que tu espères, ce que tu désires. A chaque fois que je t'interroge là-dessus tu fais ton malin.
> - Mais c'est de la connerie! C'est toi que je désire! Le reste j'en ai rien à foutre! Où j'en suis. Mais j'en suis nulle part, moi!
> - Et bien, je ne supporte pas.
> - Mais si!
> - Non! Tu es insupportable. Tu rends tout dérisoire. T'aimes les nanas, voilà le programme. Moi je suis une nana, alors tu m'aimes bien. Je regrette, mais je trouve ça angoissant.
> - Et toi, tu aimes bien l'économie soviétique. Tu crois que ça m'angoisse pas? Et ben non, tu vois; je suis content pour toi. Mais franchement, c'est pas prioritaire.
> - Combien de temps ça va durer? Tu peux pas rester toute ta vie comme ça?

- Arrête, là. Direct. Largue-moi direct, mais ne me fais pas la morale, putain.
- Des types qui n'ont pas d'avenir, ça m'angoisse. Si je reste avec toi,je sens que je vais devenir folle.
- Et depuis quand on se soucie de l'avenir? On va pas se marier de toute façon. Bon. Alors: j'te d'mande rien, moi. Qu'est-ce qui t' défrise?
- Ce qui me défrise, c'est que tu sois un parasite.
- Oui, t'as raison. En fin de compte, vaut peut-être mieux que tu me parles pas. Toi, t'as un avenir; tu me supportes pas. Et bien moi je te supporte; et je supporte le monde aussi. Alors, peut-être je suis un para-site, mais moi je suis juste!

Il s'en va[15]. Cette nouvelle dispute sera suivie d'une réconciliation et d'une autre dispute comme en ont les gens qui s'aiment. Hippo concevra même l'idée de travailler et de suivre Nathalie à Boston[16]. La passion amoureuse qu'ils partagent peut être mesurée à la tristesse de Nathalie au cours d'une soirée où elle a été invitée rue Pasteur, et à la façon dont Hippo fuit Francine en restant longtemps sur la corniche entre deux fenêtres, quand celle-ci se rend chez lui. Le coup de téléphone que Nathalie lui donne, ramène la joie sur leurs deux visages.

Mais le destin en décide autrement. En se rendant rue Pasteur (avant le départ de Nathalie pour Boston), Hippo est arrêté pour conduire une auto volée. Quand elle revient un an plus tard, l'amour habite toujours dans leur coeur, et s'ils sont émus, Hippo le cache derrière ses paroles "Va falloir trimer encore," et Nathalie dans le regard qui le cherche et l'aperçoit.

Nous avons dit que Hippo n'a pas changé (voir plus haut nos obser-vations sur Halpern). Nathalie le distance d'un an de plus de travail et d'expérience par rapport au moment de leur rencontre. Elle retrouve ses amis qui partagent les mêmes valeurs qu'elle, et la même société. Il n'est pas du tout certain qu'elle retrouvera Hippo. Il devra "trimer" non seulement au niveau de la reconquête sentimentale, mais au niveau de la conquête intellectuelle, morale et sociale. Si la dernière image que nous avons de Nathalie peut être interprétée comme un symbole, son avenir avec Hippo est tout entier contenu dans le regard ému et fuyant qu'elle pose sur le passé. L'amour apporte la souffrance, mais ne garantit pas le bonheur. Il y a dans la vie d'autres valeurs qu'on ne peut pas négliger sous peine d'en payer le prix, comme tant de couples le paient aujourd'hui (dislocation de la famille, instabilité des enfants, difficultés matérielles et autres).

Le style

Le plus grand mérite d'Eric Rochant est de nous montrer les dangers qui menacent notre culture. La première observation qui peut être faite concerne la désintégration du langage et l'abandon des valeurs morales. Cette mise en scène nous oblige à refaire le bilan des valeurs reçues. Le comportement de Hippo est inacceptable, celui de Nathalie est dangereux. Le langage qu'utilisent les protagonistes est à l'image des valeurs qu'ils incarnent.

Le film est surtout traversé par Hippo qui assume le rôle principal, par Xavier et par Halpern. Quand ils parlent, des mots grossiers sont substitués aux verbes et aux adjectifs, les phrases sont parfois décousues, et la manière de s'exprimer est toujours vulgaire. Les expressions que nous avons relevées au début de cette étude, nous ont déjà donné un aperçu des accents des dialogues. A chacun sa classe[17].

Nathalie est une bosseuse qui a un coeur, et qui est sensible à la poésie. Hippo a reçu un certain degré d'instruction (il nous dit qu'il a eu son compte) qui, sans avoir poli son comportement (dans le sens artistique du mot), lui a permis de se sensibiliser à la poésie. C'est d'ailleurs cette capacité qui va tromper Nathalie dans le jugement qu'elle peut avoir à son égard, et abuser sa crédulité. Quand elle invite Hippo à venir chez elle pour la première fois, et après que celui-ci lui ait avoué péniblement (en lui sortant les mots de la bouche) vivre aux dépens de son frère, il la presse de venir le rejoindre sur le balcon. Il se sent en pleine forme. Sa conquête est à la clef (locution figurative indiquant un enjeu).

- Viens voir, j' te dis! Regarde! les monuments vont s'éteindre.
- Comment ça?
- Regarde! [il fait claquer ses doigts].
- Ah! oui.
- Voilà! Tu vois? Quand les monuments s'éteignent y a des gens qui montent sur les toits et qui font la fête. Ils attendent tapis sous les vasistas, dans les mansardes, et quand l'obscurité retombe sur Paris, quand le Panthéon, le Sacré-Coeur et la Tour Eiffel s'éteignent, ils montent aux échelles, se pendent aux paratonnerres et à nos antennes. Ils font des glissades le long des pentes d'ardoises et courent sur les corniches; ils

enjambent les parapets et sautent au-dessus des allées. Derrière les
cheminées ils s'embrassent, et quand il fait bon, ils font l'amour sur les
terrasses.
- J'aurais jamais imaginé que tu ferais de la poésie!
- J' suis prêt à tout, tu vois? [Il l'embrasse][18].

Que la poésie puisse, comme dans ce film, revaloriser le personnage principal aux yeux du spectateur, ou tout au moins atténuer l'amertume du
message, pourrait faire sourire. Pourtant, au coeur de ce tableau
cauchemardesque d'une jeunesse en pleine décadence, Eric Rochant nous
rappelle que cette jeunesse même, n'est pas insensible aux éléments positifs
de la culture traditionnelle. Nous n'avons pas l'intention de déterminer
ici les conditions qui permettraient à Hippo de se repositionner dans la
société. Ce n'est pas l'objet de notre étude. Mais nous aimerions indiquer
qu'il n'est rien d'impossible quand l'amour prend en charge le destin. Au
niveau du style, Eric Rochant entretient un espoir de rachat.
  Le passage que nous venons de citer met en mouvement un univers
magique. Ce caractère est accentué par les verbes à l'impératif (Viens
voir! Regarde!) par la question de Nathalie (Comment ça?) et par la
préposition à valeur démonstrative suivie d'une question (Voilà! tu vois?)
Cet échange est bref, rapide, et souligné par un mouvement physique (le
bruit du glissement d'un doigt sur l'autre) qui les associe à cet univers. La
magie se manifeste au présent et évoque un tableau nocturne mouvementé
que l'esprit seul colore. Les gens attendent tapis que vienne la nuit. C'est
alors qu'ils montent sur les toits et font la fête. Ils montent aux échelles et
se pendent aux paratonnerres et aux antennes, se glissent le long des pentes,
courent sur les corniches, enjambent les parapets, sautent et s'embrassent
derrière les cheminées et quand il fait bon, ils font l'amour sur les terrasses.
Ce monde qui peuple la nuit est paradoxalement un monde pluriel,
contrairement à notre attente. Les verbes qui le décrivent sont des verbes
de mouvement acrobatique (monter, se pendre, glisser, sauter), et leur
agilité capte et soumet notre imagination. Le tableau nous fascine et nous
échappe par le caractère fuyant de ses images. Il nous fait penser aux
couleurs des *Noces villageoises* de Pieter Brueghel, dit le Vieux.
  Dans le cadre des images susceptibles de nous rassurer à l'égard de
notre appartenance culturelle, relevons l'épisode relatif au souper que les
parents de Hippo donnent à leurs enfants. La famille est réunie autour de
la table; la mère a préparé plus qu'il ne faut pour manger, dans le souci de
faire plaisir aux enfants qui, dans son esprit, travaillent au succès de leur
avenir. C'est sa contribution à elle, de les gâter et de donner ce qu'elle

peut leur apporter: sa complicité matérielle, affective et morale. Elle a
placé toute la force de son affection dans la préparation qu'ils partagent
autour de la table en discutant, toujours, de l'avenir. Les parents ont
confiance en leurs enfants; mais ils questionnent; ils s'inquiètent; ils ne
peuvent plus partager le quotidien de ces enfants qui ont grandi si vite et
qui les ont quittés. Ils les couvent. De loin. En sachant très bien qu'ils ne
leur apporteront plus que des petits bonheurs passagers, soumis aux ca-
prices de la vie et du destin. Ces parents incarnent l'esprit de famille
prédominant partout en France. Eric Rochant ponctue ici sa matière par
une image d'autant plus significative, qu'elle est authentique. Le rituel
du repas familial, l'esprit des discussions, les sentiments qui en émergent,
tout contribue à entretenir l'une des valeurs françaises les plus vivaces
dans le cadre de la vie contemporaine.

Nous avons dit qu'au niveau du style, Eric Rochant avait essayé
d'atténuer l'aspect négatif de son message, en nous présentant quelques
moments privilégiés. Nous venons de voir comment la poésie et le repas
familial contribuaient à ponctuer le film, à maintenir un certain équilibre
au niveau des valeurs morales et traditionnelles, ou tout simplement
humaines. Nous aimerions mentionner la fraîcheur du passage relatif à la
promenade que font Hippo et Nathalie dans les rues de Paris. Ils s'amusent
comme tous ceux qui s'aiment. Ecoutons-les:

- La première fois qu'on s'est vus, j'aurais peut-être pu t'embrasser?
- T'es fou!
- Ouais. J' suis sûr que tu te serais laissé faire.
- T'es ridicule!
- T'avais pas envie de m'embrasser?
- Non.
- C'est la meilleure ça!
- Mais maintenant, je veux bien.
- Tu peux crever!
- S'il te plaît!
- Va te faire foutre! Je croyais que t'aimais pas qu'on s'embrasse dans la
rue.
- S'il te plaît, j'ai envie! [ils s'embrassent].

Les accents naturels et jeunes de ce passage ajoutés aux images que
nous venons de présenter, donnent au film une vraisemblance qui nous
permet de l'accepter plus facilement.

Notes

1. Voir les précisions que nous donne à propos du tutoiement l'article de Andrew Suozzo paru dans *The French Review*, Vol.69, No.1, October 1995 (p.86).

2. Rappelons que la décision de demander une augmentation a été suggérée par Hippo en revenant de l'école d'où Xavier venait d'être expulsé pour quinze jours.

3. C'est sans doute pourquoi les salles de classe sont bondées en France, et que de nombreux candidats aux études supérieures sont refoulés.

4. Observons la réflexion du marchand de journaux s'adressant à Hippo: "Si tu cherches du travail, c'est plutôt dans *Le Figaro*." Celui-ci ne cherche visiblement pas du travail, ou il lirait les "Petites Annonces" dans le journal qui convient.

5. Doù la réflexion que Hippo adresse à la réceptioniste de l'Ecole Normale Supérieure, et qui est citée dès le début du film: "Qu'est-ce qu'on nous a laissé? Des lendemains qui chantent? Le grand marché européen? On n'a que dalle!"

6. Dans le cours de la discussion que les deux frères partagent avec leurs parents, nous relevons une réflexion de Hippo qui, selon lui, résume leur responsabilité. Quand les parents parlent de leur père qui étaient l'un bosseur, l'autre mineur, Hippo s'avance à dire: "Eh ouais! on a trop donné; nous on paie maintenant!" Il faut laisser les enfants s'accoutumer aux souffrances qu'apporte l'expérience de la vie, semble nous dire Eric Rochant; et surveiller de loin leur démarche.

7. Rappelons qu'ici Hippo répond à cet esprit resquilleur très répandu en France parmi les populations pauvres. Cet incident est illustratif de ce qui est communément appelé le "système D" (pour "débrouillard"), qui consiste à tirer avantage des institutions d'état incapables de s'apercevoir du larcin.

8. Il manipule le proviseur à qui il fait croire que son père est mort, ses parents à qui il ment, Adeline qu'il fuit sans même savoir pourquoi, et ses amis qu'il abuse et corrompt.

9. Rappelons que Denis achetait vingt sacs de "chit" quand Nathalie l'attendait en bas dans la voiture pour aller au lycée. Nous devons aussi remarquer que Denis ne faisait pas partie du cercle d'amis (Stanislas, Marc, Jean-Pierre) qu'elle avait invité chez elle et qu'elle présente à Halpern, venu sur la demande de Hippo.

10. - Tu t'en sors bien à être Dieu. Mais t'en fais pas. Ça va pas durer. Un jour tu seras seul comme un chien; et j'espère que ça te rendra un peu moins con. Salut!

11. Peut-être convient-il de comparer les conquêtes de Halpern (Dora, Stéphanie, Natacha) avec le commentaire que fait Adeline à propos de Hippo quand Nathalie lui demande si elle est sortie avec lui. "Tu sais, Hippo il sort avec toi un soir, et puis c'est fini, hein; j'dis pas ça pour toi ...".

12. Soulignons le nombre de fois où le verbe "se réfugier" est utilisé pour décrire la situation de Halpern, sans qu'aucune intention négative n'ait pris place dans notre raisonnement.

13. Le fait que Nathalie puisse fréquenter Denis ne l'effleure même pas. Hippo est un conquérant qui (on le soupçonne), n'admet pas la défaite.

14. "Je vais devoir survivre pendant trois semaines. Voilà ce qui se passe!" dit-il. Le verbe "survivre" indique ici la nécessité de continuer à vivre en l'absence de Nathalie.

15. Cet extrait est illustratif des critiques que nous faisons à propos du style; particulièrement lorsque nous relevons les phrases décousues de Hippo et la nature de son langage. Relevons également la déconnexion de sa pensée avec le monde des réalités, qui compromet sérieusement toute future entente.

16. Pendant leur réconciliation (sur l'oreiller), Hippo confie à Nathalie qu'il a déjà posé des antennes de télévision. Quand il était chez ses parents et qu'il ne connaissait pas encore la nature des contraintes auxquelles l'amour peut le soumettre, il refusait de faire de la documentation pour un nommé Daniel, susceptible de lui offrir un poste.

17. De récents contacts avec quelques représentants de la jeunesse contemporaine nous ont appris que l'usage de certains mots inversés était devenu courant. Il s'agit du verlan (lisez l'envers des mots), qui est défini dans nos dictionnaires comme étant le jargon dans lequel l'ordre normal des syllabes d'une partie (parfois de la totalité) des mots employés est renversé (ex: "laisse-béton pour "laisser tomber"). Le "trome" veut dire le métro, les "meufs" sont les femmes (on ne dit plus les nanas), etc..Il semble qu'il s'agisse d'un phénomène identitaire, qui ne dépassera sans doute pas le stade capricieux d'une mode.

18. Nous savons que c'est ce soir là que Nathalie partagera sa couche avec Hippo. Une observation doit être faite: nous aurions préféré que l'acteur, Hippolyte Girardot, soigne un peu mieux son articulation et son intonation, ce qui aurait sensibilisé l'oreille du spectateur au contenu poétique de ce passage. Il nous est arrivé de devoir deviner certains mots.

Devoirs

A. Faites des phrases avec les expressions suivantes:
En vouloir à quelqu'un - savoir à quoi s'en tenir - bosser - avoir des comptes à régler - passer l'éponge - trimer - se tenir à carreau - se faire virer.

B. Déterminez le rôle du hasard dans le cours de l'intrigue amoureuse de Hippo et de Nathalie. Donnez des exemples précis.

C. Nous sommes le 31 octobre 1988.

- Quoi de neuf? [demande Hippo au marchand de journaux].
- Le patronat exploite les salariés, le capital profite de la plus-value, et le prolétariat se paupérise. Rien de neuf" [répond le marchand].

Commentez cet échange, et comparez-le aux observations que vous avez pu faire sur la vie économique de votre propre pays.

D. Quand Hippo et Xavier rendent visite à leurs parents, le père demande à Hippo :

- Pourquoi tu veux pas voir Daniel?
- Daniel, je sais ce qu'il va me d'mander. Moi, j'ai pas du tout envie de faire de la documentation.
- Mais il est pas question d'avoir envie [dit Xavier], il est question d'avoir du fric!
- On t'a sonné, toi?
- Mais Xavier a raison! Avec trois millions de chômeurs, comment veux-tu te permettre de laisser passer cette opportunité?

Présentez les raisons qui pourraient justifier ou condamner le choix de Hippo. Qu'auriez-vous fait à sa place?

E. Le père de Hippo trouve que ses deux fils sont aussi fainéants l'un que l'autre, et il se demande d'où ça vient. "Ouais. On a trop donné. Nous on paie, maintenant" [dit Hippo]. A qui s'adressent les reproches de Hippo? Défendez ou contestez son point de vue.

F. Au niveau du style, Eric Rochant entretient un espoir de rachat avons-nous dit dans le cours de notre étude. Dites quelles sont les raisons qui, selon vous, fortifient ou menacent la relation amoureuse entre Nathalie et Hippo. Expliquez.

PAULINE À LA PLAGE

(Troisième volet de la série "Comédies et proverbes")

■ ■

Un film de Eric Rohmer
avec
Amanda Langlet (Pauline) et Arielle Dombasle (Marion)
Pascal Gregory (Pierre) et Feodor Atkine (Henri)
Simon de la Brosse (Sylvain) et Rosette (Louisette)
Michel Verry (Sylvain Freund) et Marie Boulteloup (Marie)

Expressions utiles

Avoir des liaisons: avoir plusieurs relations amoureuses suivies.
Marion décrit la nature des relations qu'elle a pu avoir:

- Depuis quelques années je n'ai eu, si vous voulez, que des liaisons. Pas d'attachement.

S'emballer pour quelqu'un: être instinctivement attiré par quelqu'un du sexe opposé.
Pauline exprime sa conception de l'amour:

- Ben moi, tu vois, je ne m'emballerais pas pour quelqu'un
comme ça, sans le connaître.

Brûler d'amour / diriger sa flamme: termes empruntés à la préciosité du 17e siècle, et illustratifs de la passion. (On dit aussi brûler d'envie de faire quelque chose.)
Marion dit à Henri qu'elle veut brûler d'amour:

- Mais pour qui?

- Ah! Je ne sais pas. Cela viendra. Je ne sais pas quand. D'une façon
inattendue. Peut-être jamais. J'espère que non!
Mais je brûlerai.
- Sais-tu si tu sauras où diriger ta flamme? [dit Pierre].

Allumer des feux: rendre amoureux.
Marion décrit son expérience:

- J'ai sans doute allumé des feux en des gens. Mais des gens qui ne me
plaisaient pas. Alors je ne les ai pas remarqués.

Compter sur quelqu'un: avoir confiance en quelqu'un.
Pierre répond à Henri qui lui demande s'il s'attend à rencontrer une
femme selon son goût:

- Je dirais plutôt quelqu'un sur qui je pourrais compter; et même si au
départ... il peut se trouver que... Ah puis non! Rien.

Raconter des histoires: en inventer pour se conformer aux tendances
du milieu dans lequel on se trouve.
Henri demande à Pauline si elle a été amoureuse:

- Oh si, tu l'as été! [précise Marion].
- Je t'ai rien dit du tout! J'ai peut-être raconté des histoires!

Faire des manières: attirer l'attention sur soi.
Marion dit à Pauline qu'elle pourrait leur apprendre bien des choses:

- Tu n'as pas besoin d'apprendre. Tu en sais assez.
- Oh! elle en fait des manières!

Avoir les pieds sur terre: être pragmatique.
Henri remarque que l'amour est un rêve. Ce à quoi Pauline répond:

- Pas entièrement. Seulement...
- Ah! Elle a les pieds sur terre! [dit Marion].

Saisir d'un coup d'oeil: comprendre rapidement.
Explication de Marion:

- (...) l'amour, c'est quand sous la surface on saisit d'un seul coup d'oeil
la profondeur d'un être.

Coup de foudre: tomber amoureux de façon soudaine.
Au casino Marion et Pierre discutent en catimini:

- Ecoute, viens. Ils vont se demander ce que nous faisons.
- Attends. Ecoute-moi un instant. Tu dois me comprendre. Si tu crois au
coup de foudre, tu dois me comprendre. Quand je t'ai vue ce soir, tout
mon ancien amour a reflué. Je me suis aperçu qu'aucune autre ne m'a
fait l'effet que tu m'as fait auparavant, et encore maintenant...
- Oh écoute, tu as bu!

Une frangine: une soeur.
Sylvain à Pauline sur la plage, lors de leur première rencontre:

- C'est ta frangine?
- Non! ma cousine. Elle est mignonne hein?

Faire la cour à quelqu'un: entretenir une relation suivie.
Dialogue entre Pierre et Marion:

- Oh je vis seul, c'est comme ça. Mais ça ne m'empêche pas d'être ton
ami.
- Fais la cour à Pauline!
- Quoi?

Remarque: Expression à distinguer de celle qui lui ressemble "*courir
après*," que Pauline emploie plus tard en reprochant à Henri de s'intéresser
à la marchande de bonbons:

- Faut vraiment être vicieux pour lui courir après quand on est avec une
fille aussi belle que Marion.

Cette deuxième expression est utilisée par Henri lorsqu'il fait remarquer
à Sylvain que Marion ne l'intéresse pas:

- C'est elle qui me court après. De toutes façons, une fille comme ça, ça
se laisse pas passer!

Faire du bien à quelqu'un: en général, c'est être généreux. Dans ce contexte l'expression a un double sens qui pourrait suggérer une initiation à l'amour.

Pierre fait remarquer à Marion que Pauline ne s'intéresse qu'aux garçons de son âge:

> - Oh oui, mais à cet âge ils sont tous bêtes et brutaux, je t'assure! Tu pourrais lui faire beaucoup de bien...
> - Je n'ai pas ce genre de dévouement.

Faire des bornes: parcourir plusieurs kilomètres.
Pauline demande à Sylvain si c'est pour la voir qu'il est venu:

> - En général j' fais pas dix bornes uniquement pour me baigner.

Quelque chose qui trotte dans la tête: avoir une idée capricieuse.
Ecorcher (un air de musique): dénaturer la mélodie. Mal interpréter le morceau (de musique).

Henri revient de Rennes et présente un disque qu'il a acheté à Pauline et à Sylvain qui sont sur la plage:

> - Ah oui, en passant j'ai acheté ça, J'avais l'air qui me trottait dans la tête. Au casino ils l'avaient drôlement écorché.
> [à Sylvain] Tu connais?

Draguer: courir après une femme/la poursuivre de ses assiduités.
Sylvain questionne Pauline:

> - Il est sympa, ce mec. C'est ton cousin aussi?
> - Non, on s'est rencontré l'autre jour.
> - Il vous a draguées?
> - C'est un copain à Pierre.

Pierre utilise ce même terme lorsqu'il discute avec Pauline:

> - Ecoute, Pauline. Si tu me provoques je te dirai que je n'ai rien de particulier contre ce garçon que je ne connais pas. Mais si tu veux un conseil d'ami, à ta place je ne me fierais pas trop à ce genre de p'tit mec,qui se ballade un peu partout, et qui drague une fille sur chaque plage, comme ça, et quand c'est pas deux.

Carrément: directement/sans complexe.
Marion à Henri qui revient de la poste à propos de Pauline et de Sylvain:

- Une drôle de danse! Ils sont carrément au lit!

Un crétin: un sot.
Marion désapprouve les fréquentations de Pauline:

- J' trouve qu'elle a mieux à faire que de ramasser tous les petits crétins sur la plage. Ah! Bon. Mais elle ne veut pas m'écouter. Je...bon.

Mettre quelqu'un à la porte: le chasser/lui ordonner de sortir.
Marion refuse d'aller vivre chez Henri:

- Chez moi je peux mettre à la porte qui je veux. Finalement, c'est mieux que tu viennes à la maison.

Arriver à ses fins: atteindre son but.
Pierre reproche à Marion de se laisser attirer par Henri:

- S'il y en a un qui fascine l'autre, c'est moi!
- Il est arrivé à ses fins?
- Oh quel vilain mot!
- Ben quoi, c'est pas le mot, c'est la chose!

Existence douillette: vie de sédentaire confortable.
Marion explique ses préférences à Pierre:

- J'aime mieux vivre avec lui quelques moments intenses, plutôt que de partager une existence douillette comme la tienne. Moi, j'ai besoin d'exaltation!

Exotisme de pacotille: caractère illusoire de la qualité de la vie.
Réponse de Pierre aux réflexions de Marion:

- Ça m'afflige de te voir donner dans un exotisme de pacotille. Oh puis ne parlons plus de ce type. Il t'a déjà oubliée. C'est ton attitude générale que je déplore.

Poser un lapin à quelqu'un: donner un rendez-vous et ne pas s'y rendre, sans même prévenir.

Pierre à Pauline sur la plage, à la recherche de Sylvain:

- Ecoute! Tu ne vas pas pleurer pour tous les petits mecs qui te posent des lapins quand même, non?
- Il n'est pas comme ça. Tu ne le connais pas. Et puis, il t'a rien fait!

Rendre service: aider quelqu'un.

Pierre répondant à Pauline:

- Mais non, j' me moque pas. J' veux te rendre service, c'est tout!

Monter la tête de quelqu'un contre quelqu'un d'autre: dire du mal.

Pauline à Pierre à propos de Marion:

- Je suis sûre qu'il y a quelque chose. Qu'est-ce que vous êtes allés raconter à Sylvain pour qu'il ne vienne pas? (...)
- Tu vas pas imaginer... Pauline!
- Oh elle en est bien capable! En tous cas, elle t'a monté contre nous. Si elle s'imagine que ça va m'empêcher de le voir!

Etre louche: quelqu'un en qui on ne peut pas avoir confiance.

Pierre à Pauline:

- Marion est responsable de toi; elle a pas envie que tu voies des gens louches. Voilà!
- Oh elle en voit bien, elle, des gens louches. Son Henri est très louche. Et toi aussi t'es louche! Vous êtes tous louches; et vous faites toujours tout en dessous.

Mener quelqu'un en bateau: abuser de sa crédulité.

Pierre à Pauline, à propos de Sylvain:

- Hier il faisait du bateau!
- Dis plutôt qu'il t'a menée en bateau ma pauv' fille!
Demande à Marion.

Faire du mal à quelqu'un: faire souffrir, soit physiquement ou moralement. Dans ce contexte, il s'agit de la souffrance morale.

Pierre à Pauline:

- Pardonne-moi. Je voulais pas te faire mal. Je supporte pas qu'on se foute de toi. Tu es assez grande pour savoir la vérité.

Se mêler de quelque chose: intervenir sans y avoir été invité.
Reproche de Henri à Pierre:

- Vraiment, j' me d'mande de quoi tu t' mêles, toi. Tu as vu le résultat?

Vendre des salades: raconter des choses qui ne sont pas vraies.
La vendeuse de bonbons à Pierre qui la questionne sur la scène qu'il a vue par la fenêtre de chez Henri:

- J' vous dis que j' m'en fous. Y'a qu' la vérité qui blesse.
- Ben alors, c'est faux, voilà!
- Ça vous regarde pas. J' vous connais pas. J' veux même pas d' vos salades; et celui qui dit que j'étais avec Henri ou Sylvain j' lui f'rai casser la gueule avec mes copains...

C'est malin: expression ironique courante pour souligner le manque d'intelligence.
Dialogue entre Pierre et la marchande de bonbons:

- Ben alors, Henri t'intéresse?
- Il est pas mal, mais je cours pas après lui ni après aucun.
- La petite est désolée parce qu'elle croit que t'étais avec son copain.
- Ah c'est malin d'avoir raconté ça!

Crier sur les toits: dire à tout le monde.
La marchande de bonbons à Pierre:

- Ah vous êtes vraiment des flics vous autres! Oui, j'étais peut-être avec Henri. Et après? C'est pas une raison pour le crier sur les toits! Je me mets à la place de la fille. Elle n'a rien fait. J'ai pas voulu lui faire du chagrin!

La boucler: se taire.
Henri empêche Sylvain de parler à Pauline. L'auto s'en va:

- Qu'est-ce que t'allais leur raconter encore? Tu dis aux autres de la

boucler, c'est toi qui parles maintenant?
- Non, mais moi j'ai rien dit!
- C'est ta nana alors.

Dégueulasse: dans ce contexte, moralement laid.
Sylvain fait remarquer à Henri:

- Tu profites de ce qu'on est jeune pour tout faire tomber sur nous et pour arranger tes petites histoires. Moi je trouve ça vraiment dégueulasse.

Un Charlot: un idiot.
Sylvain à Henri, à propos de Pierre:

- Demain c'est pareil. Y'a des choses qu'on peut pas dire à une fille comme ça brutalement.
- Ah oui, il l'a pas dit brutalement à Pauline l'aut' Charlot?
- Ecoute. L'aut' Charlot, c'est pas moi. De toutes façons c'est pas parce qu'il y en a une qui pleure qu'il faut faire pleurer l'autre, hein?

Se brancher: établir une relation (sexuelle dans ce contexte).
Sylvain ne comprend pas les façons de faire de Henri:

- Tu vois, vraiment, j' te comprends pas hein. T'as une nana tout c' qu'y a d' plus super, et tu vas t' brancher cette bouffonne-là!

Etre accroché: être tombé passionnément amoureux.
Marion à Pauline, à propos de Henri:

- [Je me dis] que je suis folle de m'éprendre de quelqu'un qui habite à l'autre bout du monde; de quelqu'un qui m'aime certainement moins que je l'aime, bien que... je crois qu'il est très accroché malgré ses airs d'indifférence...

Un cafteur: celui qui dit ce qui ne doit pas être dit au mauvais moment.
Sylvain, s'adressant à Henri et à Pierre:

- Moi, parler à ta nana? Non. J 'suis pas comme lui là, cafteur!
- Tu dis?
- T'es un cafteur; ils ont qu'à la boucler tu vois.

Se faire sonner les cloches: subir des remontrances.
Sylvain à Henri:

- Dis donc, il est quelle heure? Tu devais pas rentrer à onze heures, toi?
- Si. J' vais encore me faire sonner les cloches.
- Ben toi, Pierre. Raccompagne-le!

Gâcher quelque chose: anéantir la qualité de ce qui, à l'origine, était
bon.
Pierre à Pauline qui a décidé de passer la nuit chez Henri:

- Bon, ben reste! Je considère ça comme une chose tout à fait inamicale,
et qui me gâche la soirée que nous avons passée ensemble.

Chercher midi à quatorze heures: chercher ce qui est impossible à
trouver.
Pauline à Henri, à propos de Pierre:

- Je suis choquée que tu ne sois pas amoureux de Marion. Amoureux fou
comme Pierre qui ne va pas chercher midi à quatorze heures, lui!

Aspects culturels

Ce film met en scène deux générations très proches l'une de l'autre, mais pourtant assez lointaines dans les valeurs qu'elles défendent. Le hasard des vacances rassemble des adolescents représentés par Pauline et Sylvain, et de jeunes adultes de 25 à 30 ans, Pierre, Marion et Henri. Le temps relativement court de cette séquence lui donne une qualité marginale, et limite l'influence que les adultes pourraient avoir sur les jeunes protagonistes. Car c'est bien d'influence qu'il s'agit ici, de l'influence des initiés et des conséquences qu'elle dispense sur des novices. Nous sommes au mois de septembre, en Bretagne. Une jolie jeune femme au corps statuesque, Marion, a éprouvé le besoin de se reposer loin de Paris et des collections de mode dont elle a la charge. Elle retourne après cinq ans d'absence à l'endroit où elle avait l'habitude de passer ses vacances avant son mariage. Elle y va en compagnie de Pauline, sa jeune cousine de quinze ans.

Pauline est le personnage qui donne au film son titre. Elle incarne tous les traits caractériels propres aux jeunes filles de cet âge; elle parle comme elle pense, avec franchise. Elle vient de passer deux mois de vacances en Espagne avec ses parents, deux mois qu'elle n'a pas trouvés drôles, parce qu'elle ne pouvait pas s'amuser avec des amis de son âge. Nous remarquons ce désir d'indépendance, qui lui permettrait de s'associer à des jeunes mieux capables de la comprendre et de sympathiser avec elle, sans qu'elle ait pour cela de comptes à rendre à personne.

Les parents ont passé leurs vacances en Espagne, parce que depuis une vingtaine d'années (après la mort du Général Franco) beaucoup de Français ont découvert que les loyers estivaux et le coût de la vie y étaient bien meilleur marché qu'en France. Bien que le tourisme s'y soit développé depuis et que les prix se soient alignés aux valeurs européennes, l'Espagne reste encore aujourd'hui un pôle d'attraction pour les classes semi-privilégiées.

L'ensemble marin (classique) que porte Pauline lors de son arrivée, nous indique que les moyens d'existence de ses parents sont supérieurs à la moyenne[1]. Il y a dans l'accoutrement un souci de classe, qui n'appartient qu'à ceux qui essaient d'accentuer une sorte de distinction par rapport au vêtement standard usagé des masses populaires. Si les parents de Pauline confient leur fille à sa cousine, c'est parce qu'ils pensent pouvoir avoir confiance en l'éducation que l'une et l'autre ont reçue. Ils connaissent Pauline comme tous les parents ont le sentiment de connaître leurs propres enfants; ils ont confiance en sa nature, et ils pensent qu'elle saura se comporter comme il convient de le faire à une enfant de son âge et de sa classe. Toutefois, nous ne savons pas quelles raisons justifieraient la confiance qu'ils peuvent avoir en Marion, outre le fait qu'elle est de la famille, plus âgée, et partant, plus raisonnable. Le film nous apprend que la confiance qu'ils ont en Pauline peut être justifiée (bien qu'à certains moments elle nous paraisse risquée), mais que celle qu'ils accordent à Marion ne l'est guère[2].

Pauline a atteint l'âge où l'adolescente prend des allures de jeune fille. Elle se fait prier pour raconter les aventures amoureuses dont elle a pu être l'objet, et sa théorie sur l'amour s'inspire de la conception commune aux jeunes filles qui ne s'intéressent pas "aux choses superficielles des gens, [mais ne font] attention qu'aux qualités profondes." C'est l'âge où les convictions tendent à se confondre avec l'idéal.

Quand Pauline rencontre Sylvain pour la première fois, il lui demande si elle a "un mec." Elle lui répond qu'elle en a plein, mais elle le prie d'autre part de ne pas la toucher. Dans cet épisode anodin, Pauline se comporte comme si elle connaissait déjà les jeux auxquels s'adonnent les jeunes adultes; mais Sylvain n'est pas dupe, s'il ne peut pas la toucher, tous les garçons dont elle se vante ne peuvent pas être ses mecs. C'est d'ailleurs pourquoi la relation entre eux restera saine, même si l'éveil de leur sexualité (que le moment et l'occasion favorisent), vient troubler quelque peu la relation d'amitié amoureuse qu'ils ont établie. En cela ils se comportent comme tous les jeunes gens de leur âge, qui de tous les temps ont ainsi conçu cette période d'initiation à la vie sentimentale.

Pauline détient d'ailleurs cette intuition féminine qui, au niveau des relations de sympathie, détermine un jugement sans l'avoir préalablement raisonné. Ses propos sont comparables à ceux de Louisette (la marchande de bonbons), honnête et simple de pensée comme de caractère. Lorsqu'il s'agit de déterminer qui, de Pierre ou de Henri serait le partenaire idéal de Marion, "j'aime mieux Pierre [dit Pauline en s'adressant à Sylvain]. Il est plus beau, et puis il est plus jeune. Marion et lui vont très bien ensemble!" Plus tard, elle l'exprimera clairement à Marion au cours d'une conversation. "Ça ne me regarde pas [dit Louisette en s'adressant à Pierre], mais je trouve pas qu'elles aient de bonnes fréquentations. C'est une jolie fille pourtant. Surtout la grande! Dommage que tu sois son frère; j' t'aurais bien vu avec...". Il est peut-être vrai que la vie idéalisée aurait pu faire que l'attirance entre Marion et Pierre eût été mutuelle. Mais Sylvain est plus réaliste, et son intuition contraste avec celle des jeunes femmes. Il trouve que Henri a "plus de chances que l'autre," et va même jusqu'à parier que les faits lui donneront raison[3]. Pierre nous semble d'ailleurs trop naïf, surtout lorsqu'il demande à Marion, après l'aventure de Louisette qu'il aperçut dans l'encadrement de la fenêtre de Henri, si ce dernier est arrivé à ses fins[4]. Ces réflexions montrent le caractère pragmatique de la pensée masculine, et le côté par trop romantique de la pensée féminine. Le spectateur ne cesse d'ailleurs de se demander tout au long du film, comment il se peut faire que Marion puisse être si réfractaire à la passion de Pierre. Nous devons reconnaître que le physique et le jeu des acteurs (qui ont été extrêmement bien choisis pour leur rôle), ajoutent à la crédibilité de l'intrigue.

Toujours au niveau des intuitions, il convient aussi de remarquer que Pauline soutient le jugement qu'elle porte sur Sylvain. Elle le défend âprement lorsque Pierre et Marion l'attaquent, alors que leurs impressions ne semblent pas fondées sur des preuves bien solides[5]. Marion l'attaque parce que si Pauline s'intéressait à Pierre elle ferait d'une pierre deux coups (en se débarrassant de l'un, elle se débarrasserait de l'autre). Et si Pierre l'attaque, c'est seulement parce que Marion lui a fait croire que c'était Sylvain qui était avec Louisette. "Vous êtes attirées l'une et l'autre par des types qui se foutent de vous" dit-il à Marion, lorsqu'il l'exhorte de vivre dans le monde des réalités et de s'exalter pour son travail à Paris, et non pas pour un homme qui vit dans les mers du Sud.

C'est Pauline qui, à la fin du film, suggère de rentrer à Paris. Elle aurait pu rester pour Sylvain qu'elle embrassait encore la veille chez Henri lors de cette scène où Pierre se proposait de la ramener chez elle, et que Sylvain et lui faillirent en venir aux mains (se battre). Nous n'avons pas oublié qu'au restaurant avec Pierre elle avait critiqué pour ne pas la comprendre, l'aversion de Marion pour Sylvain. A bout de patience elle s'était écriée: " Oh elle en voit bien elle, des gens louches! Son Henri est très louche; et toi aussi tu es louche. Vous êtes tous louches et vous faites toujours tout en dessous. Sylvain, lui, est franc." Elle ne voit pas en Sylvain le petit crétin, le "n'importe qui" que Marion voit en lui, ou le "p'tit mec qui se ballade un peu partout et qui drague une fille sur chaque plage comme ça, et quand c'est pas deux" selon Pierre. Henri n'est pas un moraliste, il n'a rien à dire contre personne. Mais il sent très bien que la petite cousine "n'a pas l'air de [l']aimer tellement[6]." Au niveau des principes, nul n'est aussi transparent que Pauline. Ses intuitions sont remarquables, mais ses principes sont impérieux. Malgré les apparences, elle ne pardonne pas à Sylvain de s'être "laissé faire." Elle y fait plusieurs fois allusion.

A la décharge de Sylvain, le spectateur doit reconnaître avoir été témoin de sa révolte quand Henri le retint de courir après la voiture de Marion qui venait de démarrer. Ecoutons-les:

> - Pauline!
> - Attends! C'est pas le moment pour s'expliquer.
> - J'ai pas à m'expliquer! Qu'est-ce que tu allais leur raconter encore? Tu dis aux autres de la boucler, c'est toi qui parles maintenant?
> - Non, moi j'ai rien dit.
> - C'est ta nana alors!
> - Non, c'est Pierre.
> - Le mec là? Lui y sait rien[7].
> - Il était derrière le mur là-bas. Il espionnait. Il a vu la fille dans ma chambre.
> - Ah non! S'il l'a vue c'est avec toi, pas avec moi!
> - Ecoute, il l'a vue elle, c'est tout. Heureusement que ça m'arrange.
> - Oh mais moi ça m'arrange pas! J'ai pas envie de payer pour les autres!
> - Et puis je vais te dire; de toutes façons j'ai dit à Pauline que c'était la fille qui t'avait fait des avances; et toi, de les refuser.
> - Oh oui, tu parles si je te crois! T'es vraiment un salaud! Tu profites de ce qu'on est jeune pour tout faire tomber sur nous et pour arranger tes petites histoires. Moi je trouve ça vraiment dégueulasse, tu vois. Où est-ce qu'elles habitent? (...) Bon. Ecoute. Sois sûr d'une chose. C'est que demain, Pauline et Marion sauront tout.

En fait, nous avons vu que c'était Pierre qui avait appris la vérité à Pauline. Quand Sylvain reconnaît que de la dire "aurait fait des tas d'histoires," il ne se rend pas compte de l'implacable sentence à laquelle il s'expose. L'esprit conciliant de Henri en cette matière (que Pauline apprendra à mieux connaître) n'agira guère en sa faveur. C'est pourquoi Pauline suggérera de retourner à Paris. Henri part (en évitant de rencontrer Marion), et Sylvain se remettra de son abandon. Pauline aurait pu s'éveiller à l'amour tant que Sylvain lui paraissait digne de son attachement. Quand l'estime a commencé à faire défaut, elle a tiré un trait définitif sur son aventure. Ses parents ont eu raison de lui faire confiance.

Sylvain était jeune et vulnérable. Henri lui a probablement fait comprendre au restaurant l'art d'éviter des histoires. Et c'est cette propension qui le condamne aux yeux de Pauline. L'enjeu est d'importance. Passe encore que Marion méprise Sylvain; mais que Sylvain et Henri soient de connivence pour sauvegarder l'amour-propre de Marion au détriment du sien propre, c'est plus que n'importe quelle femme ne pourrait accepter. D'où sa répartie: "Moi, je compte pour rien?"

Pourtant la nature de Sylvain est honnête. A l'origine ses réactions sont bonnes. Elles le demeureront lorsqu'il aura tiré les leçons des expériences qu'il vient de vivre. C'est aussi un fils de bonne famille. Il doit rentrer à onze heures ou il risque de se faire sonner les cloches. Son père l'emmène faire du bateau; il l'initie à un train de vie plutôt bourgeois. Il a l'âge où les garçons de bonne famille s'émancipent dans le cadre de règlements rigides, établis par l'autorité parentale. C'est dans l'ordre des choses. Sylvain souffrira sans doute un peu, et apprendra qu'au niveau des sentiments il vaut mieux agir avec droiture. Son plus grand défaut était d'être jeune, c'est l'expérience qui déterminera le choix de l'homme qu'il deviendra.

Nous savons que la liaison entre Marion et Henri fut rapide, et nous savons aussi comment Pauline en eut connaissance. Elle dut comprendre que la conversation générale sur le grand amour qui avait eu lieu la veille, avait transmis des signaux que contredisaient les théories discutées.

Nous avons dit que Marion était jolie et statuesque. Nul n'a besoin d'une description pour évoquer cette jeune femme que Henri définira pour nous comme la femme ayant "des formes auxquelles toutes les femmes aspirent. C'est un modèle. Si les généticiens [arrivaient] par des manipulations sur des chromosomes à un type idéal de femme (...) elle ressemblerait à Marion." Il trouve même sa beauté oppressante.

Lorsque Sylvain rencontre Pauline sur la plage, celle-ci lui fait observer qu'il pourrait venir pour Marion qui lui plaît bien.

"Bon, y a d' quoi, tu vois. Mais c'est pas tellement mon genre. Moi j'aime plus ... plus nature" dit-il. Il pourrait certes venir pour l'admirer, mais étant donné son jeune âge, c'est bien à ça que devrait se limiter son intérêt pour Marion! Comme le lui fait observer Pauline "en tous cas, elle est pas pour toi."

Si nous considérons l'ensemble des premières impressions exprimées par deux hommes de génération différente, nous comprenons que cette beauté à laquelle rêvent toutes les jeunes femmes, n'est peut-être pas celle qui mène au bonheur. Elle fascine les hommes comme une sculpture ou un beau tableau fascinerait un amateur, pour en jouir, de loin. Il semblerait que la beauté physique effraie plus qu'elle n'attire. Pierre est le seul qui l'aimerait, mais il est le seul qui ne sera jamais aimé d'elle. Pourtant il connaît bien le passé de Marion:

- Quand je l'ai connue, elle aimait un type étrange. Plus affreux que Henri. Je savais bien que ça durerait pas entre eux. Et je comptais bien qu'elle viendrait à moi, un jour. Mais entre-temps un troisième s'est présenté; c'est lui qui l'a eue. Tu connais?
- Son mari? Oui, je l'ai vu quand j'étais petite. Oh il n'est pas étrange!
- Non, c'est plutôt n'importe qui! Elle est allée épouser n'importe qui, mais pas moi[8]!

Au cours d'une conversation Marion expliquera pourquoi elle ne pourra jamais l'aimer autrement qu'en ami. En fait, sa conception du bonheur et de l'amour est un peu compliquée, et le spectateur se demande si sa pensée est aussi profonde que son art de la présenter. Elle se dit ravie de n'avoir pas de téléphone, et déclare se sentir capable de rester des heures et des heures sans bouger[9]. La plage ne se prête ni à la lecture ni au travail. "C'est mieux ici" dit-elle à Pauline en faisant allusion au petit clos où elles sont descendues. Pourtant, ses activités sont toutes dirigées vers des présences qu'elle semblait vouloir fuir. Elle dit connaître les dangers auxquels l'amour peut l'exposer et qu'elle ne prendra pas pour de l'amour ce qui n'en est pas; que c'est un sentiment qui doit être spontané et réciproque, et que les qualités profondes se devinent sous la surface. L'histoire nous apprend qu'elle se trompe du tout au tout pour la deuxième fois (au moins). Son tempérament est d'ailleurs perceptible par son langage. Cela n'est pas surprenant, il la domine. Elle n'écoute que la voix de son instinct[10]. A tel point, qu'elle insiste à plusieurs reprises pour que Pierre s'occupe de Pauline. Ecoutons ses propos:

- C'est vrai. Si tu avais su me conseiller au moment de mon mariage, peut-être que je n'aurais pas épousé un homme que je n'aimais pas.
- T'avais cessé de me voir.
- Oui, mais à cause de ta jalousie. Si tu n'étais pas jaloux, si tu t'intéressais à quelqu'un d'autre...
- Oh je vis seul, et c'est comme ça! Mais ça m'empêche pas d'être ton ami!
- Fais la cour à Pauline!
- Quoi?
- Non, mais je parle sérieusement!
- Enfin, c'est une gamine!
- Oui, mais tu lui apprends bien la planche, pourquoi pas l'amour?
- J'espère que tu plaisantes! [Ils rient] Et puis d'abord, je n'aurais aucune chance; elle ne s'intéresse qu'aux garçons de son âge.
- Oh oui, mais à cet âge ils sont tous bêtes et brutaux, je t'assure! Tu pourrais lui faire beaucoup de bien.

- Je n'ai pas ce genre de dévouement.

Cette conversation se passe au moment du petit déjeuner le lendemain de leurs retrouvailles qui eurent lieu sur la plage, après la première nuit que Marion passa avec Henri.

Il nous est tous arrivé de nous contredire à un moment donné ou à un autre sur des sujets discutables, et nous savons que l'amour est aveugle. Mais le premier reproche de Marion ne nous paraît pas justifié, puisque c'est elle qui avait décidé de ne plus voir Pierre sous prétexte qu'il était jaloux. Il n'était donc pas en mesure de lui dire qu'elle s'apprêtait à épouser un homme qu'elle n'aimait pas! D'ailleurs au moment où ils parlent, elle refuse de le croire lorsqu'il l'avertit que "ce type (Henri) se fout totalement d'elle[11]." Marion est aveuglée par sa nouvelle passion, et elle a déjà consenti à lui sacrifier une innocente victime. Car, que devons-nous penser de sa proposition à l'égard de Pauline qui lui a été confiée par ses parents? Et que fait-elle de cette confiance? Admettons un instant que Pierre ait été véritablement un séducteur de la même espèce que Henri, qui promènera ses baisers sur la jambe nue de Pauline endormie, après qu'elle eût pris la décision (dangereuse) de dormir chez Henri plutôt que seule chez elle. Elle n'aurait été entourée que d'éléments corrompus et corrupteurs. Avant même que Henri le lui suggère, Marion avait donc décidé de "lui faire connaître le loup." Henri ne le suggère que plus tard lorsqu'il la rencontre, après qu'elle eût surpris Sylvain et Pauline se caressant chez lui sur le lit. Il comprend instantanément que Pauline a besoin d'une occupation qui ne compromette pas ses propres vues, et il ne critique guère l'incident.

Marion qui avait été très avenante envers Pierre sur la plage quand elle le revit pour la première fois après cinq ans d'absence a hâte (dans l'extrait ci-dessus), de se débarrasser de lui à n'importe quel prix, fût-ce au prix de corrompre sa cousine de quinze ans, devenue tout à coup encombrante. Le jugement qu'elle porte sur les jeunes gens pourrait nous faire penser que dans son esprit, une première expérience sexuelle ne serait qu'une initiation que Pauline serait en âge de connaître. Plus tard, en parlant de l'incident où Pierre vit la marchande de bonbons dans l'encadrement de la fenêtre de Henri, elle lui fait observer (croyant toujours que c'était Sylvain qui était avec Louisette), que tout ça ne serait pas arrivé s'il s'était intéressé à Pauline. "Je t'assure, elle t'aime beaucoup! Elle t'aime beaucoup plus que tu ne croies!" affirme-t-elle effrontément. Plus tard encore quand elle discute avec Pauline (elle est décidément obstinée quand elle veut atteindre son but), elle critique Sylvain et dit:

- Ça me désole de te voir triste. Je n'aurais jamais rien dû dire à Pierre.
- Il fallait bien que je sache! Et puis, je ne suis pas triste. Sylvain me plaisait bien, mais j'étais pas vraiment amoureuse.
- Tu as pris le premier venu.
- Et toi alors?
- Oui...,bon! Ne discutons pas. Mais tu vois, même ici je crois que tu aurais pu trouver mieux. Ne serait-ce que pour enrichir ton expérience. Tu vois qui je veux dire?
- Non.
- Pierre...

Relevons le choix des mots "enrichir ton expérience." Pauline pourrait se sentir insultée si ce n'était la voix et le ton doux et à demi enjôleur de Marion; mais la proposition doit lui sembler si grotesque, qu'elle n'accorde aucune importance à l'outrage. Peut-être le fait-elle passer sur l'incompréhension qui existe entre deux générations. "Mais, c'est un vieux!" s'écrit-elle. Visiblement, Pauline préfère continuer la conversation sur les relations de Marion, plutôt que de se montrer susceptible. Ne soyons pas surpris. Pauline ne nous donne pas l'impression de s'en laisser conter. Elle n'a aucun complexe, et les échanges verbaux ne nous laisseraient pas penser qu'il puisse y avoir entre elle et Marion une telle différence d'âge. Au début du film elle nous avait annoncé qu'elle n'arrivait pas à croire que Marion ait pu être mariée. Celle-ci engagea la conversation sur un terrain vulnérable, en l'accusant d'avoir pris le premier venu; ce à quoi Pauline répondit du tac au tac: "Et toi alors?" Prise de court, Marion observera trois pauses avant de reprendre le fil de ses pensées; "Oui... bon. Ne discutons pas."

Si nous mettons en parallèle la façon dont Pauline exprime son innocence quand elle décrit par exemple ses jeunes béguins au début du film, et la façon dont elle s'exprime ici avec Marion, nous constatons que Pauline s'est émancipée par la seule observation des adultes, et que sa personnalité s'est affirmée. Quand elle parle à Pierre au restaurant, on croirait l'entendre émettre une théorie dramatique racinienne." Je pense que les gens ne veulent jamais admettre le choix des autres. Toi tu n'admets pas que Marion est avec Henri, Marion n'admet pas que j'aille avec Sylvain, et moi je ne comprends pas que Henri aille avec la marchande[12]." Les relations entretenues par les adultes ne lui paraissent pas toujours logiques.

Nous avons vu comment l'intuition, l'observation et le bon sens, déterminent l'opinion que Pauline peut avoir sur son entourage. Nous avons relevé son sens de la répartie. Sa conversation avec Pierre nous permet de saisir sa pensée critique pour mieux connaître son interlocuteur.

Leur conversation ressemble beaucoup à celle que la plupart des jeunes étudiants partagent dans les cafés entre deux cours, ou dans les rencontres comme celles que nous avons vues dans *Un monde sans pitié* et, bien sûr, sur les plages ou ailleurs. Dans le cours d'une année scolaire, tous les jeunes français sont soumis aux mêmes programmes d'étude, en vue de se préparer à un examen de passage discriminatoire en fin d'année. Les meilleurs passent et sont autorisés à s'inscrire dans les grandes écoles après avoir obtenu le baccalauréat[13]. Ceux-ci sont initiés de bonne heure à la pensée critique, à l'analyse du fond aussi bien que de la forme d'un écrit. Quand cette pensée se dote d'intelligence et d'un peu de connaissance, elle stimule la discussion, qu'il s'agisse de politique, d'économie, de philosophie ou tout simplement du comportement de l'homme dans des cas particuliers. C'est l'un des aspects de la culture française d'aimer la discussion, comme si elle perpétuait cette prédisposition ancestrale celte, reconnue pour ses dons oratoires et son amour de la poésie. La nature profonde du Français recherche le contact social, ce que l'intrigue souligne particulièrement bien puisque les discussions y font avancer l'action. Le thème central pourrait être le suivant: comment reconnaître le véritable amour quand on est en âge d'aimer et d'être aimé.

Nous venons de dire que la conversation qui eut lieu entre Pauline et Pierre nous permettait de le mieux connaître. Dès le premier soir, chez Henri, nous avons appris que Pauline est plus près des théories de Pierre que de celles de Marion ou de Henri en matière d'amour; et nous avons vu Pierre critiquer à plusieurs reprises les relations qu'entretinrent Pauline et particulièrement Marion. Dans la conversation qui nous intéresse, Pierre admet que Sylvain peut ne pas être comme il le croyait. Son jugement était plutôt basé sur des faits qui lui avaient été relatés par Marion. Rappelons ce qu'elle lui avait expliqué quand il essayait de comprendre ce que faisait la marchande de bonbons nue dans la chambre de Henri:

- Ben, j'imagine qu'elle était pas là toute seule. Tu ris? Tu crois que j'invente?
- Eh non! Tu n'inventes rien. Non, c'est vrai parce que j'y étais.
- Quoi?
- Oui. Heureusement que je suis passée par chez Henri hier en rentrant. La fille y était, mais avec le petit Sylvain.
- Ah! et c'est comme ça qu'il prête sa chambre?
- Non, non; on a dû les déloger; je suis...enfin, nous sommes montés et ils sont partis se cacher dans la salle de bains.

Cette version des faits est ennoblie par le mensonge. Marion utilise deux pronoms personnels qui ne s'appliquent pas à la vraie situation: "on" et "nous." Lorsqu'elle dit "ils sont partis," elle ne les a pas véritablement vus pénétrer dans la salle de bains. Elle se reprend alors qu'elle allait relater les faits exactement comme ils s'étaient passés. "Je suis...enfin, nous sommes montés." La version que lui a faite Henri répond à ce qu'elle veut croire; c'est donc sur le mensonge que Pierre établit son opinion. Suite à l'enquête qu'il mena auprès de la marchande, il informe Pauline de ce qui s'est passé, blâme Henri, et l'accuse d'être diabolique. Nous admettons avec lui que Henri soit diabolique; mais nous regrettons qu'il ne questionne pas la candeur de Marion. Il est lui aussi, aveuglé par sa passion.

Nous avons observé Pierre donner des leçons de planche à voile à Marion et à Pauline. Leur vêtement de bain ne cache rien de la richesse de leur forme. Et si nous trouvons la première aguichante après la conversation qui eut lieu entre eux au casino, nous l'aurions préférée plus réservée. Marion se plaint de la passion que Pierre manifeste pour elle, mais elle ne manque pas de l'entretenir. Les pauses et les attouchements auxquels elle se prête au cours de sa leçon demeurent provocants[14]. Cette impression pourrait n'être fondée que sur ses formes épanouies; mais si la tenue de Pauline est tout aussi dénudée, elle ne nous choque pas; parce que c'est une adolescente qui se plie visiblement aux conseils que Pierre lui donne, et que l'intérêt qu'elle porte à apprendre à faire de la planche est authentique. Le "maître" et son élève s'estiment et travaillent ensemble, sans qu'aucune pensée malséante ne s'interpose. La relation est franche et ne prête à aucune équivoque. C'est d'ailleurs l'impression que nous conservons tout au long du film. L'intérêt que Pauline porte à Sylvain est également évident, et comme nous l'avons vu quand Marion proposait à Pierre de lui faire la cour, il répondit qu'il n'avait pas ce genre de dévouement. En réalité les actions et réactions de Pierre nous paraissent tout à fait naturelles. Il nous plaît comme il plaît à Pauline, pour l'honnêteté de sa pensée, de ses actions, et surtout la constance de sa passion. Il ne doute ni de ses sentiments, ni de ses aspirations, et accepte l'inévitable avec un semblant de générosité. Il nous est arrivé de nous demander si Pierre n'était pas quelque peu naïf (voire un tantinet masochiste), quand il demandait à Marion si Henri était arrivé à ses fins. Nous avons aussi remarqué qu'il a fait semblant de ne pas la voir un soir qu'elle était sur la plage avec Henri. "Parce que ton Henri m'agace [lui a-t-il répondu]. Quand il viendra, je partirai. Comme ça, vous serez seuls." Au cours d'une autre conversation il reconnut que cette aversion qu'il avait envers Henri avait quelque chose de physique. "Ce type me repousse au sens concret du terme" avait-il précisé. Serait-il vraiment jaloux comme le prétend Marion, ou cette répulsion serait-elle purement maladive? Il avertit Marion sept fois que Henri ne l'aime pas. "Coucher avec un type que tu reverras plus, t'appelles ça de l'amour?" lui dit-il. Nous avons relevé les raisons qui le font douter de l'honnêteté de Sylvain; et s'il met Pauline en garde, c'est pour la protéger des souffrances qu'elle se prépare. D'où sa réflexion: "(...) ce qui me met en colère, c'est de voir les gens obstinés à se fabriquer leur propre malheur." A la fin du film, Pierre aura conservé toute notre estime; car nous qui connaissons Henri mieux que lui, nous aurions aussi essayé de soustraire une enfant de quinze ans à son influence. A la fin du film la répartie de Pauline que l'on comprend (mais que l'on regrette) accentue notre inquiétude[15], comme si elle tombait dans un piège qu'elle refuserait de voir. Eric Rohmer mène l'intrigue jusqu'à la dernière limite de notre tolérance, parce que nous savons que toutes les jeunes filles qui se placent dans la même situation que Pauline n'ont pas toutes le coup de pied magistral pour culbuter le loup. Cet épisode permet aussi de mesurer le degré de dépravation de Henri, et démontre qu'il ne lui reste plus guère de conscience ni d'amour.

Pierre rentre le lendemain à Paris, blessé sans doute, comme il l'avait été cinq ans auparavant. "J'attendrai aussi longtemps qu'il faudra [disait-il], jusqu'à ce que...jusqu'à ce qu'elle m'aime; et si elle tarde trop, jusqu'à ce que moi je ne l'aime plus. C'est une chose qui est tout à fait probable, que je cesse un jour de l'aimer. (...)si elle est fondamentalement attirée par des gens qui sont le contraire exact de moi, si elle n'est pas cette fille que je croyais faite pour moi, comme je me crois fait pour elle, et si cette conviction sur laquelle repose tout mon amour est détruite, alors, je ne l'aime plus. Voilà! C'est aussi simple que ça."

L'analyse à laquelle il se prête annonce déjà la guérison, comme l'ont vécue tous ceux qui ont été trahis par la vie. La réflexion qu'il fit à Pauline à propos de Sylvain ("je suis sûr que tu valais mieux que ce petit mec") illustre la pensée que nous avons entretenue à son égard, même si nous avons partagé l'opinion que Pierre et Marion étaient physiquement assortis.

Quand Pierre souligne le fait qu'un type comme Henri rabaisse Marion au-dessous du niveau où il peut l'aimer, il semblerait qu'il voit enfin ce qui nous paraissait évident. Cette dernière remarque choque pourtant Pauline qui l'accuse d'être un peu prétentieux, au point de lui demander s'il ne se prenait pas pour le centre du monde. Son intuition avait dans le cours du film dirigé ses sympathies. Elle aurait dû lui faire comprendre que la beauté de Marion, associée à son comportement et à sa moralité (qu'elle ne connaît pas aussi bien que nous) font de sa cousine une quasi-renégate de la bonne société bourgeoise. L'idéal de Marion est par trop physique et instinctif pour être compatible avec les conventions sociales qui habitent villes et campagnes[16]. Beaucoup de femmes peuvent envier sa beauté, mais très peu d'entre elles en feraient le même usage. C'est à Marion que beaucoup d'étrangers pensent quand ils essaient de définir la femme française, mythe que ne justifie pas la réalité.

Que Marion soit tombée amoureuse de Henri peut être admis. Le coeur a parfois des raisons que la raison ne connaît pas. Henri est encore jeune, visiblement un homme bien établi financièrement, indépendant et libre[17]; bref, un homme qu'elle pourrait fasciner[18]. Sa beauté lui en donne le droit. Ce qu'elle ne sait pas c'est que l'expérience ait pu blaser Henri au point d'en faire un homme dangereux au coeur de la société. Quand Sylvain lui reproche de se "brancher cette bouffonne," Henri lui répond "Eh ben vois-tu, j'ai pas de préjugés. Et puis cette bouffonne elle est vachement excitante (...). Dans la vie j'ai aimé et j'ai été aimé. Maintenant, j'en ai marre. (...) je lui cours pas après, c'est elle qui me court après. Puis de toutes façons une fille comme ça, ça ne se laisse pas passer hein?" A la fin du film Pauline acquiert la juste mesure de ce qu'il vaut. Si elle ne sait pas qu'il ment aussi bien que nous le savons, elle le devine. Il part, il n'emmène pas Marion, et il n'a pas le temps de l'attendre pour lui dire au revoir (elle revient à midi); il n'aime pas les adieux. Elle a compris qu'il est lâche, vicieux et le lui dit, tout comme elle reconnaît pourquoi Sylvain l'a déçue: "Tu vois, j'aurais préféré qu'il me trompe. Mais alors, marcher dans tes histoires..."[19]. C'est tout dire.

Le spectateur a le privilège de pouvoir saisir les pensées intimes des personnages et de les comparer à leur comportement. Les quelques images que chacun nous confie de son passé dévoilent leur nature profonde. Les conquêtes de Henri ne s'arrêtent pas à Marion, Louisette (et Pauline s'il avait pu), mais également à la jeune femme qui lui téléphone de Quiberon (qu'il embrasse en lui disant au revoir), et qu'il rejoint précipitamment sur le deux-mâts rouge "La Revoltosa." Henri est l'homme de partout et de nulle part, semblable à tous ceux qui s'ébrouent sur les plages en y laissant l'empreinte anonyme de leurs pas et de leurs conquêtes. Il participe à l'histoire de *Pauline à la plage* parce qu'il caractérise la nature des dangers qui guettent tous ceux qui, avides de vacances et d'aventures, s'attendent à n'y rencontrer que du bonheur et des plaisirs. Les Français rêvent de leurs vacances pour se reposer pendant toute l'année. Les jeunes gens y pensent pour se décontracter et s'amuser, d'autres pour changer la couleur de la banalité quotidienne. La joie, l'attente et l'espoir pénètrent les coeurs, à leurs risques et périls. En été les villes sont abandonnées aux touristes; quand vient l'automne, les plages redeviennent désertes. La banalité reprend ses droits.

Relevons un bref aperçu du thème de la discrimination sociale qui a joué, et joue encore, un rôle très important dans la société contemporaine. Quand Pierre parle à Louisette pour déterminer qui (de Henri ou de Sylvain) était avec elle dans la chambre, elle lui demande s'il accepterait de sortir avec elle le soir même:

> - C'est mon dernier jour ici. Je voudrais fêter ça. Tous mes copains sont partis, sauf mon fiancé; mais lui, heu... j'le vois trop!
> - Non merci, j'suis pris.
> - Je t'invite, j'ai de l'argent...
> - Non, t'es gentille, mais...
> - C'est parce que j'suis une marchande?
> - Mais t'es folle! Mais enfin ce soir on dîne chez nos cousins.
> - Tant pis! J'trouverai bien quelqu'un. Bonne soirée!

Nous savons que Pierre ment et qu'il n'ira point dîner chez des cousins. Les qualités morales que nous avons observées en lui, sa situation matérielle, indiquent qu'il est un fils de bourgeois aisés. L'intérêt qu'il porte à Louisette consiste uniquement à découvrir la vérité sur un incident important pour lui-même d'abord, et pour Pauline ensuite. Son éducation, ses principes et ses sentiments, tout le pousse à refuser l'invitation de Louisette. Il ne saurait éprouver à sortir avec elle aucun plaisir, ce qui explique son mensonge pieux. Louisette ignore beaucoup trop de choses le concernant pour essayer même de deviner tout ce que Pierre ne peut pas expliquer. Elle sent, et l'idée lui traverse l'esprit, qu'il pourrait s'agir d'une différence sociale; c'est pourquoi avec toute la simplicité des gens qui aiment comprendre elle questionne Pierre directement.

Relevons aussi l'incompréhension de Pauline qui ne peut pas admettre que Henri trahisse Marion:

> - Il me semble que lorsqu'on a Marion, on oublie toutes les autres!
> - Eh ben non, tu vois. J'ai été fidèle à mon désir. J'avais l'impression de m'être déjà engagé avec Louisette.
> - Qu'est-ce que tu racontes? Tu étais beaucoup plus engagé avec Marion!
> - Physiquement, oui. Mais pas en pensée; ou tout au moins en désir. Je l'avais connue d'abord. Ça lui donnait une espèce de droit. Je crois pas que tu comprennes ça non plus.

- Davantage.
- Alors qu'est-ce qui te choque? Que ce soit une marchande? Tu as des préjugés maintenant?
- Je suis choquée que tu ne sois pas amoureux de Marion. Amoureux fou comme Pierre. Il ne va pas chercher midi à quatorze heures, lui![20]

Tout comme Pierre qui continue ses études, Pauline a l'éducation des enfants issus de bonnes et solides familles bourgeoises. S'ils s'entendent et s'apprécient, c'est parce qu'ils appartiennent à une même famille d'esprit. Quand au cours d'une leçon de planche Louisette vient à passer, Pauline accepte que Pierre lui achète des cacahouètes:

- Dis, t'aurais pas vu Sylvain, par hasard?
- Qui? Sylvain? Non, j'ai pas vu. J'ai vu personne. J' viens d'arriver c' tantôt.
- Pourquoi tu lui demandes ça? [dit Pauline].
- Ben, on sait jamais [répondit Pierre].

Nous savons pourquoi Pierre a posé cette question. Pauline a des raisons d'être surprise. Elle sait que Louisette vient vendre sa marchandise tous les jours, et que Pierre (ou Sylvain) ne la fréquente pas. Il ne saurait y avoir entre eux de relation suivie, outre la gratification du sourire ou la banalité des conversations polies. La conquête d'une jeune femme comme Louisette est trop facile pour initier autre chose qu'un respect distant et de circonstance de la part de vacanciers honnêtes. Pierre observe ces nuances et Pauline les connaît. En des occasions différentes, Henri et Louisette les ont senties. L'un et l'autre s'associent facilement avec n'importe qui, ce qui n'est pas une référence édifiante sur la valeur sociale de Henri, sur sa morale, ou son éducation.

Le style

Deux éléments sont à considérer: comment le vocabulaire et l'image se conjuguent pour nous communiquer les impressions caractérielles des personnages. Nous ne reviendrons pas sur les remarques que nous avons déjà établies sur les éléments phonétiques du discours parlé, ni par exemple sur le vouvoiement. Nous ferons simplement observer qu'au début de leur relation, Marion et Henri se vouvoient. Pierre tutoie Marion parce qu'il la connaît depuis longtemps, et qu'ils se tutoyaient sans doute alors qu'ils étaient plus jeunes et se connaissaient. D'un autre côté Henri tutoie Pierre qui est un tantinet plus jeune que lui, et il vouvoie Pauline qu'il ne connaît pas[21].

Sans la beauté et la passion de Marion, le film ne serait plus qu'un documentaire banal sans intérêt pour personne. Il n'y aurait plus de thèse, plus de moralité.

Il nous est arrivé de parler des accents de Marion, de sa voix et du ton enjôleur qu'elle manipule admirablement à bon escient; nous avons parlé de ses comportements, aussi bien que de la façon dont elle s'habille.

Si nous établissions une liste de ses sujets de conversation, nous nous rendrions vite compte qu'il n'est question que de sa conception de l'amour et des stratagèmes propres à la libérer de ses obligations. Ce qu'elle dit est ponctué par un ensemble de symboles qui la révèlent.

Quand Marion questionne Henri pour la première fois chez lui, elle lui demande s'il vit seul "là-bas." Elle accompagne sa question du mouvement qui porte à la bouche un morceau de pomme qu'elle vient de couper avec un couteau qu'elle tient dans l'autre main. Le symbolisme de la pomme est utilisé en plusieurs sens distincts[22]; il est lié à la connaissance et à la nécessité de choisir. C'est la pomme que consomment Adam et Eve. D'après ce que peut signifier ce symbole, il semblerait que Marion ait déjà choisi, puisque le choix sera consommé le soir même. Quand Pierre rend visite à Marion le matin après que celle-ci ait surpris Louisette chez Henri, Pauline est en train de cueillir des pommes. C'est alors que Marion reproche à Pierre que s'il s'était intéressé à Pauline, "tout ça ne serait pas arrivé." Nous avons souligné comment dans son esprit Pauline serait en âge d'être initiée, ce que souligne semble-t-il le symbolisme qui consiste ici à "cueillir" des pommes.

Le symbole du couteau est associé au sacrifice en de nombreuses épreuves initiatiques, à commencer par la circoncision. Les traditions africaines accorderaient au couteau un symbolisme phallique, symbole "fréquemment décelé par Freud dans l'interprétation des rêves de ses patients[23]." Dans le contexte qui nous intéresse, la dialectique correspond parfaitement aux gestes symboliques de Marion et de Pauline.

Quand c'est au tour de Marion de se présenter au cours de la fameuse conversation sur l'amour idéal chez Henri, elle utilise six fois le mot "amour," quatre fois le verbe "brûler," et six fois les adjectifs ou les verbes associés à la passion ("allumer des feux," "l'étincelle jaillira," "un immense brasier," etc.).

Le soir, au casino, Pierre reconnaît qu'aucune femme ne lui a fait l'effet qu'elle lui avait fait auparavant et qu'elle lui fait encore maintenant. En le repoussant au niveau du langage, l'épaulette qu'elle a négligé de relever tombe et découvre la nudité de son épaule.

> - Je préfère que tu le saches [dit-elle]. Si jamais je me remets à aimer quelqu'un, en tous cas, ce ne sera pas toi. Non!
> - Je peux attendre!
> - Non, non! J'ai beaucoup d'estime et d'amitié pour toi; mais l'amour, ça ne se commande pas [son épaulette est complètement tombée].

Cette attitude déroutante entre le comportement et le discours est comparable à celle que nous avons signalée, à propos de Marion au cours de sa leçon de planche à voile.

Lorsqu'elle danse avec Henri et qu'elle le regarde dans les yeux, la caméra appuie le contour des lèvres qui s'ouvrent alors que la tête tombe sur l'épaule de Henri. Ils s'embrassent, et l'image de Marion met en lumière des astuces de nymphomane, si complaisamment attribuées par les étrangers à la femme française. Convient-il de citer tous les signes contradictoires de Marion? Relevons la fois où Pierre lui indique que lorsque Henri viendra à la plage, il partira. "Oh écoute Pierre! T'es complètement fou!" dit-elle. C'est alors que derrière lui, les mains placées sur les épaules de Pierre, elle continue à lui parler.

Au niveau des symboles, remarquons le moment où sur la plage elle coiffe ses longs cheveux avant de se rendre chez Henri, pour y découvrir Pauline et Sylvain se caressant sur le lit. Les cheveux présentent une variété d'interprétations. "La notion de provocation sensuelle, liée à la chevelure féminine est également à l'origine de la tradition chrétienne, selon laquelle une femme ne peut entrer dans une église la tête découverte: ce serait prétendre à une liberté non seulement de droit, mais de moeurs[24]." Cette interprétation qui lie la provocation sensuelle à la chevelure est communément acceptée comme symbole, particulièrement chez les jeunes qui portent volontiers les cheveux longs, même s'il est accepté qu'une femme aujourd'hui puisse rentrer à l'église tête nue.

Quand Marion nage au loin avec Pierre, Henri revient de Rennes où il a raccompagné sa fille chez sa mère. Il revient avec un disque intitulé "Le Chant des îles." L'histoire nous apprend que Pauline et Sylvain seront sensibles au rythme langoureux de la mélodie, et Marion y cédera quand elle demandera à Henri de venir avec elle au Mont-St-Michel pour que Pauline "ait quelque chose à raconter à ses parents." La musique initiée par Henri invite, favorise et réveille la passion sexuelle chez les deux couples.

A l'usage des symboles gestuels et musicaux, Eric Rohmer ajoute les aspects visuels que l'on remarque à chaque fois que la caméra s'attarde sur la mer, sur la plage, sur les chemins qui la bordent, et sur les maisons. Le clos de Marion, la maison de Henri, la couleur de l'eau, la nature du sable, les activités, les cris, tout donne au décor l'authenticité qui l'inspire. Le réalisateur capte la vie telle qu'elle le pénètre, à la fois par ses sens olfactifs et visuels.

La plus grande qualité de ce film se trouve paradoxalement dans le rôle important de ses dialogues. Le film s'apparente plus en cela à la dialectique morale et philosophique, qu'au divertissement des masses populaires. Les dialogues conservent pourtant des accents naturels, et les problèmes qui guettent la jeunesse au seuil de la vie restent posés.

Notes

1. Relevons le fait que c'est alors qu'ils passaient leurs vacances en Italie l'année d'avant, que Pauline aperçut le jeune homme de seize ou dix-sept ans qui s'interessa à elle au restaurant. La variété dans le choix des lieux de vacances indique déjà une certaine aisance financière.

2. Les parents de Pauline ont négligé de reconnaitre que Marion est belle, en instance de divorce, et par conséquent susceptible d'être sensible à une nouvelle conquête, même si ces vacances que Pauline partage avec elle avant la rentrée des classes doivent être courtes. D'où le risque que Marion ne puisse pas accorder à la supervision de Pauline toute l'attention qu'elle devrait lui donner.

3. Si sa façon de voir est réaliste, elle ne garantit pas son approbation, puisqu'il fera observer à Henri qu'il ne le comprend pas. "T'as une nana tout c'qu'il y a de plus super, et tu vas t'brancher cette bouffonne" dit-il à propos de Louisette.

4. Voir plus loin ce qu'il dit à Pauline au sujet de l'évolution des sentiments, quand ils sont au restaurant.

5. Soulignons que ce jugement est purement intuitif et nullement fondé sur la connaissance de Sylvain. Lorsqu'elle le recherche avec Pierre et que celui-ci lui demande si elle sait où il habite, elle répond: "Eh ben ici, à Granville! Mais j'ai pas l'adresse exacte. Il a pas la mienne non plus. On a pas pensé à se la donner. On se retrouvait." Sa connaissance de Sylvain n'est pas basée sur de multiples faits concrets, mais sur des rencontres hors du terrain familial. C'est d'ailleurs pourquoi elle pourra partir sans les remords profonds dont on guérit mal.

6. Réflexion qu'il fait quand Marion lui propose de se joindre à Pauline et à elle pour aller visiter le Mont-Saint-Michel.

7. "y" est employé presque régulièrement pour "il."

8. Cette réflexion nous indique que Marion ne répond qu'à des critères physiques, plutôt que matériels. Professionnellement parlant, l'avenir de Pierre qui se spécialise est prometteur, ce à quoi Marion reste insensible. Sans le vouloir, le choix qu'elle fait porte atteinte à l'amour propre de Pierre, mais il établit indubitablement les critères auxquels elle obéit.

9. Les vacanciers qui louent pour des périodes de quelques semaines n'ont généralement pas le téléphone, et utilisent la cabine téléphonique publique lorsque la nécessité de faire un appel se présente.

10. Dans notre étude sur le style nous soulignons le nombre de fois où le vocabulaire ayant trait aux relations amoureuses est utilisé, et la nature du comportement qui accompagne ses conversations.

11. Nous sommes autorisés à penser qu'elle était probablement tout aussi aveugle quand elle est tombée amoureuse de l'homme qui deviendrait son mari, et que si Pierre avait pu lui dire à ce moment là qu'elle ne l'aimait pas, elle ne l'aurait pas écouté.

12. Nous constatons ici que Pauline ne respecte pas toujours les règles grammaticales. Beaucoup de jeunes gens qui arrêtent leurs études vers dix-sept, dix-huit ans, ont ce même défaut. Pauline aurait dû dire "que Marion soit avec Henri," et ne pas utiliser le présent de l'indicatif.

13. Voir nos observations sur le baccalauréat dans notre étude sur le film *Un monde sans pitié.*

14. Voir le jeu des mouvements et des pauses de Marion dans notre étude sur le style.

15. "Tu n'es responsable de rien [dit-elle]. Moi je suis responsable de moi. A la rigueur on peut dire que mes parents m'ont confiée à Marion. Mais c'est tout. Mais elle m'a confiée à personne. Enfin pas plus à toi qu'à Henri.

16. "Une chose ne m'est jamais arrivée [dit Marion]. Allumer un amour en moi et en un autre être, instantané et réciproque. Mais je ne désespère pas. Un jour l'étincelle jaillira, et je serai tout à coup comme un immense brasier"(première conversation chez Henri).

17. Il a les moyens de racheter la villa où sa famille passait ses vacances en payant la part de ses frères, pour que sa fille puisse venir passer ses vacances avec lui.

18. Rappelons ce que dit Marion lorsqu'elle définit l'amour idéal: "Il y a peut-être des hommes qui se sont suicidés pour moi. J'espère que non!" Relevons sa faculté de rêver, fruit de lectures probablement populaires et parfois dangereuses.

19. Ceci réaffirme ce que nous observions à propos de la sentence à laquelle Sylvain se condamnait lorsqu'il disait à Pauline qu'il voulait éviter des histoires.

20. Les propos que Henri tient ici contrastent avec ceux qu'il tenait à Louisette sur la plage, quand il l'a rencontrée après son retour de Rennes. Il ne donnait point l'impression d'être amoureux, et quand le spectateur songe aux "conquêtes" de Louisette, la mauvaise foi de Henri est notoire; ce qui n'est pas en contradiction avec l'opinion que le spectateur a de lui.

21. Il dit notamment:
- Ah! Il est vrai que Pauline n'a rien dit! [dit Marion].
- C'est vrai, oui [dit Henri]. Voyons un peu ... Et vous, vous attendez?
- Oui, bien sûr! [répondit Pauline].
- Vous espérez?
- Oui, évidemment! A mon âge se serait bête ...
- Vous avez déjà été amoureuse?
- Non.
Dès que le seuil de la familiarité a été franchi, tous se tutoient.

22. Chevalier, Jean, et Alain Gheerbrant. *Dictionnaire des Symboles.* Edition revue et augmentée. Paris: Robert Laffont/Jupiter, 1982.

23. Ibid., p.306.

24. Ibid., p.236.

Devoirs

A. Faites des phrases illustratives de ce que veulent dire les expressions suivantes:
   faire des manières - avoir les pieds sur terre - la boucler - poser un lapin (à quelqu'un) - mener quelqu'un en bateau - vendre des salades à quelqu'un - se faire sonner les cloches - un cafteur.

B. Que pensez-vous du rapport établi par le réalisateur entre le physique des acteurs et le portrait moral des personnages? Essayez d'établir ces correspondances en disant brièvement dans quelles situations vous les avez observées.

C. En parlant de sa fille, Henri fait la remarque suivante:
   "Un enfant doit avoir des racines. C'est à lui de se déraciner plus tard si ça lui plaît." Dites si vous partagez cette opinion, et défendez votre pensée.

D. Pauline dit à Pierre qu'elle a peur de rester seule chez elle, Marion étant à Paris.

   -(...) Ecoute, hein, je suis en vacances. Et si mes parents ne sont pas là, c'est pas pour que des gens qui n'ont aucun droit sur moi s'occupent de ce que je dois faire ou pas. Je fais ce qui me plaît. Il me plaît de rester ici. Et comme Henri m'y invite, je reste."

   Auriez-vous fait le même choix? Commentez.

E. Marion a défini pour nous sa conception de l'amour idéal. Nous avons vu comment elle se comporte avec son entourage. Approuvez-vous son comportement, et si vous ne l'approuvez pas, dites ce que vous auriez fait à sa place et définissez votre propre conception de l'amour.

COUP DE FOUDRE

▬▬▬▬▬▬▬▬▬▬▬▬▬▬▬▬▬▬▬▬▬▬▬▬

Un film de Diane Kurys
avec
**Isabelle Huppert (Léna) et Guy Marchand (Michel),
Miou-Miou (Madeleine) et Jean-Pierre Bacri (Costa Segala),
Patrick Bauchau (Carlier) Robin Renucci (Raymond),
Jacques Alric (monsieur Vernier)
et Christine Pascal (Sarah).**

Expressions utiles:

Coup de foudre: titre du film. Expression illustrative de la teneur des sentiments que deux êtres de sexe opposé éprouvent soudainement l'un pour l'autre, en se voyant pour la première fois.

Tenir le coup: avoir la force de résister devant l'adversité.
Une femme à Léna qui vient d'arriver dans le camp des prisonniers:

- Le plus dur, c'est mon mari. Il est avec les hommes. On se voit tous les jours, on se fait des signes. Y tient pas l'coup!

Un mariage blanc: union qui n'est légitime que sur le papier.
La jeune femme à Léna qui lui a demandé ce qu'elle devait répondre à la proposition du légionnaire:

- Qu'est-ce que j'lui dis?
- C'est un mariage blanc! Ça compte pas! Vous êtes pas obligés de rester ensemble! [Léna accepte d'un mouvement de tête].

Faire courir des bruits: rumeurs.
Madeleine à Carlier à l'occasion de la fête de la libération:

- On vous a dit le bruit qui a couru quand on vous a arrêté?
Les gens disaient qu'on vous avait fusillé place Bellecour.

Se faire tirer les cartes: aller voir une cartomancienne pour connaître son avenir.
Madeleine à Léna après la présentation théâtrale à l'école:

- J'ai été chez une voyante. Elle m'a tiré les cartes, ça n'en finissait plus. Remarquez, je n'y crois pas, mais j'adore! Vous y croyez, vous?
- Ah, j' sais pas. J'ai jamais essayé.

Etre tordant: provoquer le rire à s'en plier en deux.
Madeleine à propos de Sophie, la plus petite des filles de Léna.

- C'est vos filles?
- Oui.
- Oh la petite, elle est tordante!

Etre ballot: être niais, lourdaud.
Madeleine à son fils René:

- (...) et pourquoi t'as pas voulu mettre tes plumes, toi?
- Ça tient pas!
- Pourtant je les ai faites pour toi! C' que tu peux être ballot! Tu veux pas aller jouer avec les petites filles?

Etre flemmard: être paresseux, aimer ne rien faire.
Léna est chez Madeleine pour la première fois. Elle regarde des tableaux et des statuettes de l'artiste:

- C'est quoi ça?
- Ah, ça c'est pas fini. J'ai un problème. J' finis rien. J' suis flemmarde.

Ouste: Interjection pour se hâter ou se débarrasser de quelque chose ou de quelqu'un.
Ne pas en mener large: avoir peur.
Sans blague: Interjection employée à l'annonce de quelque chose qui paraît incroyable.

Michel raconte l'épisode où les Allemands contrôlèrent les papiers:
- Arrivés à Milan, dans la gare de Milan, une fouille. Les Allemands montent dans le train. Allez ouste! On n'en menait pas large! On n'était pas fiers! "Papiere bitte!" On l'avait même pas vu arriver l'Allemand. Alors y m' regarde. J' lui tends mes papiers. Il lit. Y m' regarde encore une fois. "Bon, allez. Ça va." Il nous laisse partir, et nos papiers étaient au nom de Pipperno. Pipperno c'est Lévi en Italie. Y'a pas plus juif que Pipperno!
- Sans blague?

Se débarbouiller: se laver la figure (la bouille).
Florence et Sophie se disputent. Léna intervient:

- Elle arrête pas de nous embêter!
- C'est pas vrai!
- Allez, viens! On va se débarbouiller.

Remarque: Le pronom indéfini adoucit l'ordre maternel en le transformant en invitation. Léna veut dire ici qu'elle va accompagner Sophie jusqu'au robinet et lui laver le visage.

Etre casse-pieds: être importun, déranger les gens.
La mère de Madeleine à son mari:

- Oh ce que tu peux être casse-pieds avec ta pension! Oh!
- J'y arrive pas, Jeanne. C'est pas possible de passer sa vie comme ça.

Etre roublard: être rusé par intérêt égoïste.
Carlier revient de la cave accompagné de Costa une bouteille à la main. Il taquine le père de Madeleine:

- Il l'avait cachée le roublard!
- Eh bien, Régis, il en restait encore!
- Ah, ben oui; il en restait encore une.

Des combines: moyens détournés pour obtenir quelque chose.
Etre rapiat, pince-maille: être avare.
Madeleine revient en voiture avec son mari. Elle parle du Modigliani:

- Un de ces jours tu vas te retrouver en prison avec tes combines. Mais t'es quand même incroyable! Si ça se trouve c'est un tableau volé.

- Mais c'EST [il insiste sur le verbe] un tableau volé. J' me suis fait
avoir; qu'est-c' que tu crois?
- Mais qu'est-ce que tu vas faire?
- J' vais emprunter à tes parents.
- Ah, non! J' t'en prie! Tu vas pas recommencer ça!
- Oh j' les rembours'rai hein! Ça va! Qu'y s'inquiètent pas! Rapiats
comme j' les connais! Oh, la famille pince-maille!

Doubler quelqu'un: dépasser en voiture.
Michel s'apprête à passer la voiture des Segara.

- Tiens, les voilà!
- Vas-y, Papa! Double-les!
- Fais attention! [dit Léna].

En revenir de quelque chose: accepter une vérité.
Léna à Madeleine qui lui a dit dans les toilettes que Michel lui avait
fait des avances:

- Il est fou! Ça alors! J'en reviens pas! J'aurais jamais cru ça de Michel!

Etre cornichon: être sot.
Madeleine à René enfermé dans les toilettes:

- Pousse la targette.
- J' peux pas!
- Oh c' que tu peux être cornichon!

Se débrouiller: se sortir tout seul d'embarras.
Michel aux hommes qui l'ont aidé à monter le frigidaire chez lui:

- Je pose?
- Oui. Bon, ça va; j' vais m' débrouiller. Merci les gars!

Se faire rouler: se laisser abuser par quelqu'un.
Costa vient de rentrer avec une grosse boîte en carton. Il s'adresse à
sa femme:

- Voilà! J' me suis fait rouler!
- Qu'est-ce que c'est?

- C'est un lot de chemises américaines. Seulement elles n'ont qu'une manche. J' m'en suis aperçu une fois que j'avais payé.
J' pouvais pas deviner! Evidemment, c'est fait en série maintenant. Les machines....

La barbe: exclamation marquant l'ennui.
Enquiquiner: ennuyer, contrarier.
Léna et Madeleine discutent de leurs options:

- Le sur-mesure, c'est la barbe! Faudrait faire uniquement le prêt-à-porter.
- Et la lingerie?
- Oh, non! la lingerie, y'a rien d' plus enquiquinant! Faut avoir toutes les tailles, ça va jamais! Y'a les grosses poitrines, y'a celles qui sont plates comme des limandes.... On s'en sort pas!

Faire des chichis: s'amuser à être stylée, ne pas être naturelle.
Michel à Léna, le soir où Sophie s'est réfugiée au garage:

- Ah, ça! pour aller faire des chichis à la terrasse des cafés, Madame est la première, hein?
- Tu voudrais que je m'enferme à la maison pour te faire plaisir?
- A la maison? Y'a déjà du monde l'après-midi!

Ne pas être dans son assiette: paraître ennuyé ou malade.
Léna à Madeleine au cabaret "L'Eléphant Blanc":

- Mais qu'est-ce qui se passe? Vous n'avez pas l'air dans votre assiette.
- Vous savez pas si Michel a prêté de l'argent à Costa?
- Heu...si, je crois. Pourquoi?
- Il lui rendra pas!

Foutre en l'air: casser au point de ne plus pouvoir servir.
Léna cale en rentrant au garage avec sa voiture:

- (...) Tu vas foutre l'embrayage en l'air!
- Elle arrête pas d' caler!
- Elle cale. Comment tu l'as eu ton permis? qu'est-ce que tu lui as fait à l'inspecteur, hein?

Etre culotté: avoir de l'aplomb, de l'audace.

Madeleine s'est réfugiée chez Léna le soir tard, elle va divorcer:

- (...) le problème, c'est qu'il va très mal. Il fait une dépression. Il dit qu'il n'y arrivera jamais, qu'il a tout raté, que j' l'écrase. C'est moi qui l'étouffe.
- Ça, il est culotté quand même.
- J' vais divorcer.
- Mais pourquoi?
- C'est pas sûr. J' sais pas. Mais ça va plus.

Piquer dans la caisse: voler de l'argent.

Léna est au lit, Michel se lave au lavabo:

- J' vais changer de mécanicien, parce que j' crois que Roger pique dans la caisse; hein? J'ai fait mes comptes. Il manque 60.000 francs.
- J' vais mettre Florence au cours de danse à la rentrée.
- Et Sophie?
- Sophie aussi!

La boule: la tête. Ne pas confondre avec la bouille (le visage).

Michel se rase:

- Si ça continue, j' vais tout raser! La boule à zéro!
- C'est moi, Michel.
- C'est toi quoi?
- C'est moi qui ai pris l'argent.

Se saigner aux quatre veines: faire de grands sacrifices.

Remarques de Michel à Léna après son retour du cimetière d'Anvers:

- Où est-ce que t'étais quand j' t'ai épousée? J' t'ai arrosée comme une plante. J'ai tout fait pour qu' tu manques de rien. J' me suis saigné aux quatre veines. J' t'ai tout donné. Et toi, qu'est-ce que tu m'as donné? Qu'est-ce que tu m' donnes en échange? Tu m' donnes envie de vomir, tiens! Voilà c' que tu m' donnes! Oh, je sais; tu es allée la retrouver. Dis pas non. Vous vous cachez même plus pour faire vos saloperies. Tu sais comment ça s'appelle ca? Ça s'appelle des gouines. Des gouines! Voilà ce que vous êtes!

Prendre ses cliques et ses claques: s'en aller définitivement.

Lettre de Madeleine à Léna:

- "(...) avez-vous parlé à Michel? Que dit-il? J'ai hâte de vous voir débarquer. Dépêchez-vous. Prenez vos cliques et vos claques. Paris nous appartient. Madeleine."

Avoir du bagout: grande facilité de parole qui fait illusion.
Léna vient de recevoir sa première cliente. Madeleine écoutait derrière le magasin.

- Ah! C'était parfait! Quel bagout!
- Ah vous, ça suffit, hein. J'ai failli rater la vente à cause de vous!
- Mais pourquoi?
- Vous m'avez fait perdre tous mes moyens. Je vous sentais là derrière moi. J'avais envie de rire!
- Au contraire! On dirait que vous avez fait ça toute vot' vie!

Aspects culturels

Les premières images du film modèrent vite la curiosité que le titre aurait pu activer. L'aspect d'un camp armé où hommes, femmes et enfants sont gardés à vue séparément, donne un avant-goût des moments tragiques vécus pendant la dernière guerre mondiale. La police française est chargée de l'administration du camp de triage, avant que le bétail humain soit acheminé vers l'Allemagne pour y travailler à l'appareil de guerre.

C'est là que nous faisons connaissance avec Hélène Weber (Léna), et Mordeha Isaac Simon Korski (Michel).

Cet épisode nous permet de remarquer deux aspects de la pensée française de l'époque. D'un côté nous voyons comment les petits fonctionnaires ont, bon gré, mal gré, collaboré à la consolidation de la puissance nazie en France pendant les années 40, et d'un autre côté (du côté des victimes), nous avons l'exemple de ceux qui, comme Mordeha Isaac Simon Korski ont pensé s'écrier "Mais je suis français, moi! On peut s'appeler Isaac et être né français! Ils arrêtent pas les Français en c' moment!"

Pour ceux qui ont suivi les luttes que la France dut mener au cours des siècles, la domination allemande pourrait n'être qu'un épisode à ajouter aux milliers d'autres épisodes qui, à travers les siècles, contraignirent le pays à consolider ses frontières, et à réclamer son identité et sa liberté. Cette page d'histoire qui a vu des Français devenir complices d'une domination étrangère tortionnaire, et travailler à la poursuite et à l'asservissement d'autres Français (épisode qui n'est ici que très brièvement évoqué) reste vivace; particulièrement quand on prend conscience de l'accrudescence d'intérêt que les Français, jeunes et vieux, continuent à accorder à tous ceux qui, de près ou de loin, ont contribué à l'effort de collaboration[1]. Le Français, le vrai, quelle que soit son origine, ne tolère aucun arbitraire, fut-il physique ou moral[2]. Il est donc naturel que Mordeha Isaac Simon Korski se réclame de sa citoyenneté, et que dans son esprit, aucun autre Français n'ait le droit de le poursuivre pour ses origines; pas plus que l'inquisition religieuse n'avait autrefois le droit de faire la chasse aux sorcières, et pas plus pourrions-nous dire aujourd'hui, que les immigrés légitimes n'ont à être poursuivis par des associations politiques quelconques. Le Français se veut tolérant, généreux, et libre de vivre, d'aimer et d'être heureux. Qu'il y ait des "bavures" d'ordre administratif ou politique est inévitable. La société ne peut être parfaite. Malgré le processus démocratique des élections, les gouvernements ne sont pas forcément représentatifs de la sensibilité nationale. La vigilance individuelle en matière de politique est impérative, et le devoir civique indispensable.

Dans l'épisode qui a trait à la demande de mariage, la motivation de Mordeha Isaac Simon Korski peut à l'origine consister à aider une jeune femme à sortir légitimement du camp, et à la sauver d'un engrenage qui menace son avenir, son bonheur et peut-être même sa vie. Qu'elle soit mignonne et qu'elle puisse éventuellement l'aimer (s'il en a caressé l'idée) n'était sans doute pas pour lui déplaire. Leur mariage a été un mariage de circonstances (et non pas un coup de foudre), qui ne donnait aucune garantie de bonheur. Les événements les ont rapprochés, la nécessité les a associés, et la nature les a unis.

La fonction de ce dernier élément est illustrée dans l'épisode qui nous les présente retranchés dans une chambre en train de se relaxer enfin, et de savourer un casse-croûte au saucisson arrosé de vin rouge[3]. Les bruits avec lesquels Hélène ponctue sa déglutition font comprendre l'importance fondamentale que le Français moyen attache à ces aliments plus habituels que de fortune, à tel point que l'on pourrait dire que le rationnement pendant l'occupation a été ressenti avec autant d'amertume que la présence de l'étranger sur le sol français. Quoi de plus naturel que sous l'effet de la chaleur sensuelle et douillette de l'instant, les corps satisfaits d'une sorte d'ingestion réconfortante se soient abandonnés au plaisir de l'amour? C'est sur ce coup de dés joué sur un fond de catastrophe nationale et d'espoir que Michel et Hélène engagèrent leur avenir. L'esprit de solidarité qui les habite devant l'adversité continue à tisser les liens qui les ont rassemblés. La fuite devant les arrestations, les risques qui les poursuivent au cours du voyage qui doit les mener en Italie, la pénible escalade de la montagne, la nécessité de survivre, tout contribue à affermir les liens fortuits du destin. Nous ne les retrouvons que plus tard après dix ans de mariage, quand deux enfants et l'habitude ont solidifié cette association fondée dans le malheur.

Parallèlement à cet épisode, en 40, Madeleine épouse Raymond, l'homme qu'elle aime. Il s'agit bien d'un mariage où le coup de foudre prend toute sa valeur[4]. Une nouvelle vient menacer non pas le bonheur qu'un couple qui s'aime peut se donner, mais l'avenir même de ce couple. C'est Carlier qui l'annonce: "Les Allemands ont passé la ligne de démarcation." C'est à ce moment-là que le photographe fixe pour toujours sur la pellicule la consternation générale. L'armée étrangère sur le sol français est ressentie comme une atteinte à la liberté individuelle et comme un défi. La guerre est incontournable.

L'arrestation de Carlier au cours d'une classe, des fusils entre les mains de jeunes gens au tempérament sanguin en proie à la panique, et c'est un échange de coups de feu qui met fin à un bonheur unique, bonheur que nul ne retrouve.

A la libération nous revoyons Madeleine et Carlier: "On vous a dit le bruit qui a couru quand on vous a arrêté? Les gens disaient qu'on vous avait fusillé place Bellecour!" La population est toujours prête à n'honorer et à ne cultiver que des mythes, fussent-ils mensongers: donner au maître la grandeur, et à la jeune veuve de la rue Cuire, le chagrin.

C'est en 1952, sept ans plus tard que commence l'histoire de Madeleine et de Léna. Nous assistons à leur rencontre à l'occasion d'une fête scolaire de fin d'année. Le courant de sympathie qui passe entre elles est normal et typiquement féminin. Leurs préoccupations anodines sont celles que pourraient avoir n'importe quelles autres femmes. Pourtant l'excuse que Madeleine avance pour son retard nous apprend qu'elle est allée voir une voyante. Nous savons que les devins apportent l'espérance à ceux qui vont les consulter. "Remarquez je n'y crois pas, mais j'adore" dit Madeleine, comme si elle pouvait encore rencontrer un homme qu'elle pourrait aimer et qui l'aimerait. Les enfants jouent. On discute d'ambre solaire, on s'extasie sur son parfum, sur l'origine des prénoms, on évoque son passé, on promet de se téléphoner. Au cours de la promenade qui raccompagne Léna jusque chez elle, un charbonnier prend un sac sur son dos pour le livrer dans un appartement voisin[5]. L'aspect vétusté des habitations et le ravalement de l'appartement contigu à celui de Léna contrastent avec les valeurs qu'elle semble vouloir inspirer (élégance, raffinement)[6]. En pénétrant chez elle nous constatons que son appartement est propre mais exigu, et que si le mobilier est d'apparence moderne (mais modeste et fonctionnel), il est à l'image du couple que forment Léna et Michel: mal assorti[7]. Le manteau de fourrure de Léna témoigne de cet état d'esprit qui habite tous ceux qui veulent s'élever dans la société tout en cachant la modestie de leurs moyens. "L'habit ne fait pas le moine" dit le proverbe que tout le monde en France connaît, mais dont personne ne tient compte. Les échelons gravis dans l'échelle sociale sécurisent, surtout quand le passé immédiat est instable. La fourrure est le signe extérieur d'une certaine aisance financière et d'un goût prononcé pour ce qui est hors du commun. Elle flatte l'amour-propre de celle qui la porte et de celui qui la paie. La bonne espagnole ou portugaise remplit la même fonction, comme les cours de danse feraient de Florence et de Sophie des enfants de bourgeois parvenus.

Les deux couples, Léna et Michel, Madeleine et Costa, éprouvent d'ailleurs un certain bonheur à se fréquenter après la première invitation, comme si cette fréquentation leur donnait une satisfaction existentielle. Avant de se connaître les deux couples n'avaient visiblement pas d'amis. Comme la plupart des travailleurs, ils n'en avaient vraisemblablement ni le temps ni les moyens. Les Segala rendaient visite aux parents de Madeleine[8]. Seul Carlier qui était le maître de dessin de Madeleine et de Raymond son premier mari, faisait partie du cercle des intimes[9]. Léna et Michel, nous le savons, ne recevaient personne. Leurs activités se limitaient à vivre au jour le jour, sans questionner leur bonheur. En perdant leur église (phénomène à la fois politique et philosophique), les Français du vingtième siècle ont aussi réduit les occasions de se rencontrer et de se parler, hormis chez les commerçants[10]. Les connaissances habituelles (le marchand de journaux, le boucher, le tabac du coin, etc.) permettent au Français de conserver en passant, le sentiment d'appartenir à une ethnie dont le périmètre géographiquement familier est limité. Restent les sympathies professionnelles qui passent rarement le seuil de la vie privée, particulièrement parmi les classes modestes.

Costa Ségala est représentatif de ces jeunes marginaux qui, faute de préparation adéquate ou de courage, s'adonnent à des activités nébuleuses, tout en conservant (en apparence) le flegme de ceux qui grâce à leur intelligence en affaires connaissent le succès[11]. Madeleine nous apprend comment ils se sont connus: "Costa, je l'ai rencontré à la Libération. Il m'a fait rire. On a couché ensemble. J' suis tombée enceinte." Quand Costa essaie de s'emparer d'une statuette pour soi-disant la montrer à un nommé Filliolet, Madeleine ne lui fait pas du tout confiance. Si nous établissons le bilan de ses activités, nous nous apercevons qu'il a essayé de brasser de nombreuses affaires véreuses. "Quand c'est pas des chewing-gums immangeables c'est des tableaux volés; quand c'est pas des tableaux volés c'est des ch'mises sans manche" dit Madeleine. Nous savons aussi qu'il emprunte de l'argent régulièrement à son beau-père qui, avec sa pension, n'arrive pas à joindre les deux bouts (du mois). Nous savons aussi comment il s'y est pris pour emprunter de l'argent à Michel, et comment il s'est comporté lorsqu'il s'est rendu compte qu'il ne pourrait pas le lui rendre. "Remarque, j' les ai pas payées, et celui qui m'a prêté l'argent, il est pas prêt d' le r'voir!" dit-il. Costa Ségala n'a aucune excuse valable pour expliquer ses échecs, si ce n'est d'avoir mal préparé son avenir. Lors de la disparition de Sophie, Costa ne savait pas comment se préparer un plat de nouilles. A la fin du film il interprète le rôle de Ruy Blas, la seule dignité qui lui reste, une dignité d'emprunt". A peine j' l'avais rencontrée que j' l'avais déjà perdue" confie-t-il à Michel. Le bonheur se cultive comme un jardin; il suffit de peu de soins en fait pour obtenir les meilleurs fruits.

Comme Costa, Michel se retrouvera seul à la fin du film. Malgré la sympathie et la compassion que le spectateur peut éprouver à son égard, les raisons de son échec sont évidentes. Relevons cependant le naturel qui accompagne les épisodes relatifs à la vie du couple. La tendresse de Léna caressant le dos de Sophie sur son lit, celle du père jouant avec les enfants à l'ascenseur, ou au ballon chez les Thibault; ou encore le retour de la famille chantant à l'unisson une chanson idiote[12]. C'est même avec une détermination stoïque que Michel s'élance à la fin du film dans les eaux froides de l'océan avec ses enfants, comme si rien n'avait été brisé. Michel était travailleur et veillait à ce que sa famille mène une vie décente, à l'abri du besoin. Il avait même engagé une femme de ménage pour alléger le poids des contraintes de Léna.

> - Je t'ai arrosée comme une plante! [dit-il au cours d'une dispute]. J'ai tout fait pour qu' tu manques de rien. J' me suis saigné aux quatre veines. J' t'ai tout donné! Et toi, qu'est-ce que tu m'as donné? Qu'est-ce que tu m' donnes en échange?

Certes Michel est en droit de se réclamer de tous ces sacrifices. Mais sont-ils suffisants pour assurer le bonheur d'un couple? Observons-le dans son rôle d'époux.

Il rentre du travail le soir, jette nonchalamment son journal sur une table basse et met du charbon dans le poêle. Sur le phono un disque de Bing Crosby emplit la pièce de sa mélodie[13]. Léna, qui ne l'avait pas entendu rentrer l'aperçoit, et lui demande en l'embrassant si elle peut lui servir un verre. Il ne répond pas et disparaît dans la chambre des enfants à qui il raconte une histoire de Fernandel. Les enfants sont couchés, il rentre donc du travail tard le soir.

Souvent l'habitude que crée la vie commune fait que les protagonistes négligent d'observer les formes de politesse et de respect qu'ils se doivent. Dans l'exemple ci-dessus, Michel a manqué d'égards envers sa femme. Il aurait pu répondre à la question qu'elle lui posait, et montrer plus d'empressement à la retrouver.

Les enfants veulent écouter une histoire cocasse de Fernandel. Elles éprouvent le besoin de rire. L'histoire qu'il raconte est quelconque, peu apte à éveiller en elles le goût des histoires bien faites, bien dites et bien présentées. Michel ne sait pas ce que peut être la culture de l'esprit, ni l'art d'être pédagogue. Lors d'une conversation avec Madeleine, Léna définit ce qui l'intéresse:

> - La politique, c'est tout. Et le football. Au début, quand on s'est rencontré il m'a fait croire qu'il savait plein de choses, qu'il avait fait des études. Il disait qu'il allait m'apprendre. Moi j'étais naïve à l'époque. Après je me suis rendu compte qu'il n'était même pas allé à l'école. Il m'a fait croire qu'il savait danser. Moi, j'adorais danser! La dernière fois que ça m'est arrivé, je crois que c'était à la Palme, en 39.

Quand Madeleine lui demande ce qu'il aime, elle répondit "Moi! il m'aime moi!" Léna (qui est jeune et jolie) nous apprend qu'au fur et à mesure qu'elle a appris à connaître son mari, elle a été de plus en plus déçue. Le plus grand défaut de Michel a été de ne pas lui apporter ce à quoi tout être humain qui se respecte aspire, c'est à dire l'occasion de se cultiver et de s'intéresser à tout ce qui est vie. En devenant le seul objet de ce qu'il aime, Léna délimite et précise le potentiel affectif et culturel de son mari: avec lui, chaque jour de sa vie répondra à une même routine dans un même décor et dans un même néant, inlassablement. Il est pourtant des petites joies qui auraient pu meubler la vie de Léna et la rendre heureuse. Michel, à ce que nous comprenons, n'est point capable d'y penser. Mieux: il présente des objections à tout ce qu'elle suggère.

Quand ils montèrent au Salon de l'Auto à Paris où ils restèrent deux jours, Léna demanda à son mari de la mener au théâtre où elle n'était jamais allée. Il s'y endormit dix minutes après le début de la pièce, et décida de partir à l'entracte sous prétexte qu'il la trouvait vulgaire.

Il ne voulut pas qu'elle travaille chez les autres alors qu'il lui avait cent fois proposé de venir travailler au garage. Ici il néglige de remarquer que l'état de saleté dans lequel elle devrait travailler ne pouvait guère l'enthousiasmer. Quand elle revint des vacances de neige avec les enfants, il alla les chercher à la gare avec un camion remorqueur sous prétexte que "ça faisait plaisir aux filles." Il n'a pensé ni au fait que le cadre d'une voiture conviendrait mieux au manteau de fourrure que sa femme portait, ni au confort qu'elle apprécierait sans doute. Quand ils projetèrent de sortir ensemble au cabaret, il accusa sa femme de vouloir ressembler à une putain, sous prétexte que sous la robe se devinait le sous-vêtement. Rappelons-nous la réflexion qu'il fit lorsque Léna se plaignit que l'auto calait tout le temps: " Elle cale! Comment tu l'as eu ton permis. Qu'est-ce que tu lui as fait à l'inspecteur, hein?" L'insulte est gratuite. Quand Michel permit à Léna d'avoir un magasin (un petit magasin), il critiqua toutes les factures qu'elle lui présenta et accompagna sa critique de commentaires désobligeants. Le spectateur a été témoin de la façon dont Sophie a été oubliée à la station de l'autobus. L'enthousiasme que leur rêve provoque n'excuse nullement les jeunes femmes. Mais la gifle de Michel à Léna ne satisfait que lui. Elle répond à l'instinct de ceux qui préfèrent avoir recours à la violence que de soutenir un argument. La violence (comme l'insulte) est gratuite, puisque c'est la supériorité physique seule qui la commande. Elle confirme le manque de psychologie de Michel et son manque de générosité. Il s'arroge le droit de juger et de punir sans entendre l'accusée, comme les ancêtres barbares concevaient les prérogatives de vie et de mort des maris sur leurs femmes et sur leurs enfants. Michel a pris sa femme pour une quantité négligeable qui doit se conformer à ce qu'il décrète. Beaucoup trop de femmes en France (et ailleurs) obéissent à ce même principe, qui confond l'assujettissement à la preuve d'amour[14].

Qu'il s'agisse de Léna ou de Madeleine, la communication initiée par les maris n'est basée que sur des reproches. Ils revendiquent sans essayer de faire comprendre un point de vue. A l'heure où la société constate la détérioration du climat conjugal et regrette les déchirements qui en résultent, ce film invite l'observateur à modifier certaines attitudes prévalantes dans la société contemporaine. La compréhension (qui devrait engendrer une forme de complicité amicale) et le respect mutuel sont à la base de toute union durable; ces dispositions demandent à être entretenues et perpétuées afin que les enfants (fruits d'un amour partagé) ne tombent pas victimes de leur incompatibilité.

Des deux femmes, c'est Madeleine (qui avait connu le bonheur d'aimer un homme et d'en être aimée) qui initia Léna à considérer des valeurs autres que celles auxquelles elle s'était jusqu'alors conformée. C'est aussi Madeleine qui la première trouva le courage de se séparer de son mari. Il est vrai que le mariage n'avait été conçu que pour légitimer le milieu où l'enfant grandirait. Quand Madeleine se réfugie chez Léna, elle lui confie que Costa va très mal. "Il fait une dépression; il dit qu'il réussira jamais; qu'il a tout raté; que je l'écrase. C'est moi qui l'étouffe."

Avec Madeleine, Léna découvre des petites joies qui lui étaient inconnues. La première est sans doute de trouver le temps de sourire et de rire en découvrant un être qui lui ressemble, qui encourage et qui partage un rêve; celui de sortir du néant (social et particulier) dans lequel elle patauge. La joie de Léna semble authentique quand Madeleine lui offre

des fleurs. Elle est si heureuse que le spectateur se demande si son mari
lui en a jamais offert. Nous les voyons ensemble se tirer les cartes en
dégustant un verre de vin blanc; se promener le long d'une rivière en se
faisant des confidences; lire un roman en se sensibilisant au pouvoir sensuel
des mots; se téléphoner et se comprendre à mi-mot quand Costa rentre
avec les chemises américaines; le ton de Madeleine au téléphone change,
et le sujet de conversation devient plus anodin. La connivence entre les
deux femmes naît des circonstances. C'est ensemble qu'elles rédigent la
réponse à la lettre d'amour de Carlier. A la piscine, elles s'adonnent à la
simple joie de partager la vie qui les entoure. Elles découvrent (alors
qu'elles se trouvent dans les toilettes) leur nudité et comparent leurs attraits;
comme beaucoup d'autres jeunes femmes l'ont sans doute fait avant elles,
ou le feront après elles. Enfin elles élaborent le scénario qui leur permettrait
de travailler et de vivre heureuses.

> - Mais on n'est pas obligées d' payer comptant! Y'a qu' le fond d' com-
> merce à acheter! Pour les murs, on paye un loyer. Et puis, heu... c'est pas
> la peine de voir grand hein? Une p'tite boutique, là c'est l'idéal. Elle est
> vraiment bien placée; c'est le quartier qui compte. Vous nous voyez toutes
> les deux? Ce serait formidable! On aurait une grande maison! Y'aurait
> de la musique. On verrait du monde. On ferait les quatre cents coups!...
> Et Sophie? Où est Sophie?[15]

Léna entrevoyait le bonheur de vivre; les incidents qui suivirent illustrèrent
l'inutilité de ses efforts. Quand Michel va retrouver Costa pour savoir où
peuvent être Léna et ses enfants, ce dernier lui explique ce qu'il n'avait
pas su comprendre. "Elles vont ouvrir un magasin à Paris. Oh, elles en
sont capables! Elles vont y arriver! On se sent tout drôle hein?" Michel
ne revit plus Léna, et Madeleine mourut apparemment deux ans avant le
tournage du film en 1982.
    L'union de chacun des couples était fondée sur de bien fragiles
prémices, l'attraction de corps matures dans un contexte historique et
social instable. Nous avons constaté que la vie que Léna partageait avec
Michel était faite de routine, et non pas de bonheur. La réflexion de
Madeleine quand Léna lui confie combien le jeune militaire rencontré
dans le train l'avait excitée, est probante[16]. Quant à Costa, il ne semble
pas qu'il ait jamais rien apporté en tant que père ou en tant qu'époux. Le
bonheur des maris a été à la mesure de ce qu'ils ont apporté aux niveaux
matériel, sentimental et intellectuel.
    En marge de ces événements, considérons les joies de Maria, la bonne

de Léna. Nous l'apercevons à plusieurs reprises. Nous avons dit que c'était une étrangère venue en France pour travailler. Son fiancé l'embrasse entre deux portes. C'est furtif; à la mesure de son bonheur personnel. Nous avons observé combien elle est heureuse quand Léna reçoit Madeleine pour la première fois, et qu'un arrangement de fleurs et de verdure lui est offert. C'est une telle entorse à la routine qu'elle se met à chantonner. Quand Michel raconte prétendument l'histoire de Fernandel, elle écoute en souriant derrière la porte entrouverte, comme pour partager avec les enfants un plaisir dont elle aurait été frustrée dans son enfance. Elle chante dans l'oreille de Sophie pour l'endormir le soir où Michel accuse sa femme d'être lesbienne. Quand Léna lit une première lettre de Madeleine, et qu'elle laisse passer le lait par dessus tant elle est absorbée par sa lecture au moment du petit déjeuner, c'est encore Maria qui maintient l'ordre des habitudes. Elle n'occupe dans le film pas plus de place que n'en occupent les objets dans la vie des bourgeois. Pourtant c'est elle qui sent et comprend les conséquences du drame qui l'entoure. Elle exprime, comme elle le peut dans toute sa simplicité, sa générosité et son humanisme. Elle incarne une présence, l'histoire de tous les pauvres déplacés, travailleurs et généreux.

Le style

L'une des premières qualités de ce film tient en ce qu'il met en scène une histoire vraie. Dans une émission récente, Bernard Pivot (le présentateur de "Bouillon de culture") interviewait Alain Delon, son invité d'honneur. Ce dernier se plaignit de ce que les films ne faisaient plus rêver. Certes le rêve est un luxe qui n'appartient qu'à ceux qui en ont le temps. Le film éducatif inspiré d'une vérité vécue a un bien meilleur rôle à jouer au niveau des foules, surtout lorsqu'il invite le spectateur à se pencher vers des valeurs qui peuvent contribuer à faire son bonheur. C'est en cela que *Coup de foudre* est une contribution utile.

Si tout le monde aspire à être heureux, pourquoi la famille est-elle aujourd'hui déchirée par tant de dissensions? Les attitudes changent avec les progrès techniques et scientifiques. Le bonheur ne consiste plus à vivre bon gré ou mal gré comme le faisait la France ancestrale et chrétienne, initiée au sacrifice pur et simple de son ambition et de son talent. La vie se charge assez bien d'imposer ses devoirs, sans que l'individu se mette à cultiver sa souffrance; à moins qu'il s'agisse de rédemption, option qui doit rester individuelle, et non pas un phénomène de société.

Ce film est plus qu'un regard rétrospectif sur un passé douloureux. Il invite le spectateur à songer à ses responsabilités à long terme, ce à quoi les jeunes couples qui croient s'aimer sont peu enclins à considérer encore aujourd'hui. Apprendre aux êtres à se connaître, c'est aussi les aider à mieux vivre. C'est remplir un rôle humanitaire, plus modeste dans la forme que n'était celui des humanistes de la Renaissance, mais non moins valable.

Dans le cadre du style, le spectateur n'a pas manqué de remarquer le thème de la chanson que chantait Bing Crosby dans les années 50, "I Wonder Who's Kissing Her Now ." C'est l'air quelque peu sardonique que Michel entend quand il rentre chez lui et met du charbon dans le poêle, et celui qui termine l'histoire à la fin du film[17]. La musique de fond joue un rôle étudié et accentue le climat joyeux ou tragique qui entoure les personnages. Nous avons mentionné la chanson idiote que les enfants de Léna et de Michel chantaient en famille dans l'auto qui les ramenait après avoir passé un après-midi à la campagne. Convient-il de mentionner la musique accompagnée d'un feu d'artifice qui libère les enthousiasmes délirants à la fin de la guerre? Celle du dancing à Paris, du Jour de l'an chez les Ségala, ou le pas de mambo esquissé par Madeleine? Tous ces rythmes contribuent à recréer l'atmosphère d'une époque qui, dans l'histoire des moeurs, annonce une irrévocable transformation.

En regardant ce film le spectateur se regarde vivre ou regarde vivre ceux qui les ont fait naître. Nous avons parlé du marchand de charbon. Nous aurions pu relever le jardin des Thibault, les rues de la ville, l'aspect vétusté des bâtiments de l'école où a lieu dans la grande salle des fêtes la distribution des prix, et de bien d'autres lieux encore. Nous pensons aussi au sentiment de paix et de bonheur qui accompagne Madeleine et Léna lorsqu'elles se promènent le long de la rivière. Le naturel avec lequel les artistes ont interprété leur rôle est exemplaire et mérite d'être souligné. Les personnages nous semblent authentiquement heureux ou terrassés par ce qui leur arrive, comme les gens que l'on côtoie tous les jours savent l'exprimer dans leurs gestes ou dans leur regard. C'est par exemple Léna tirant les draps de l'armoire en essayant de ne pas réveiller son mari le soir où Madeleine se réfugie chez elle; c'est Michel mettant du charbon dans le poêle, ou son poste de radio commentant "La Piste aux Etoiles" dans son garage; c'est aussi Madeleine essayant une robe printanière et Léna marquant les pinces de poitrine avec des épingles comme nous avons vu Marcelle le faire à Solange dans *Le Grand Chemin,* ou encore c'est Costa maugréant contre son chien Tito en jurant qu'il allait s'en débarrasser. C'est aussi tous les instants saisis par la caméra (photo de mariage, dîner d'anniversaire chez les Thibault, etc.) qui remplissent la vie courante de tout un chacun dans un cadre familier, et qui nouent l'intrigue, insensiblement. Car les gens simples s'expriment par le moyen des petits détails qui meublent leur vie et d'où naissent les grands malentendus. "Après tout, l'Histoire, cela se fabrique aussi à partir des vies les plus banales qui vont en tâtonnant, sans laisser de grandes traces..." précisait Fabian Gastellier dans *Les Echos* du 7 avril 1983.

Diane Kurys nous présente la vie comme nous aurions pu l'observer autour de nous en France pendant et après l'occupation allemande. Si la presse a salué son film par de nombreux éloges, le meilleur hommage fait à son art a peut-être été le mieux exprimé par Dominique Jamet, témoin de l'époque évoquée. Il dit notamment: "(...) pour moi, qui hélas ai vécu ces années-là et qui les vois ici ressuscitées, je peux témoigner qu'il n'est pas un détail, pas un mot, pas une façon de vivre et de penser qui ne soient ici d'une vérité absolue, même les somptueuses robes de grand couturier que porte Isabelle Huppert font vrai, encore qu'on ne comprenne pas, c'est une faiblesse de l'histoire, comment elle peut se les payer. Détail. Isabelle Huppert et Miou-Miou, cheveux courts, regards appuyés, maquillage épais, c'était le couple d'actrices entre toutes qu'il fallait choisir pour suivre le chemin de crête d'une liaison dangereuse, sans jamais basculer d'un côté ou de l'autre[18]." Quant à Michel et Costa, notre critique ajoute: "Jean-Pierre Bacri est le veule Costa, très bien. Guy Marchand lui, une fois encore, une fois de plus, est prodigieux. Car il sait nous faire sentir, et fortement, ce qu'il y a de douceur, de bonté, d'humanité dans son personnage de légionnaire garagiste, tout empêtré dans ses préjugés, sa bêtise, ses frustrations d'honnête imbécile...et son amour. On ne peut pas jouer plus intelligemment les cons. Là aussi, c'est lui qui l'a dit le premier."

Le témoignage auquel le film donne forme illustre les effets et les conséquences fatidiques de la dernière guerre. Il n'est cependant qu'une facette de ces effets maléfiques; *Une histoire de femmes*, de Claude Chabrol, se propose de nous en présenter une autre facette, bien plus tragique que celle que nous venons d'entrevoir, pour nous faire comprendre, si nous ne l'avons pas encore compris, le danger des idéologies, et le prix que l'on doit accorder à la paix et à la liberté.

Notes

1. Il n'est besoin que de constater le nombre de livres qui ont été publiés à propos des sympathies qu'aurait pu avoir l'ancien président Mitterrand pendant la dernière guerre pour s'en faire une idée exacte.

2. Lorsqu'on parle de l'origine du Français, on ne peut négliger de reconnaître le poids des invasions romaines et barbares, d'Afrique et d'Europe, et leurs conséquences à travers les siècles. Viols des soldats, sédentarisation des envahisseurs, mariages avec les autochtones, etc..

3. Cet épisode rappelle dans *Le grand chemin* la façon de manger de Pélo, quand le fossoyeur suivait le curé, qui suivait lui-même le docteur, appelé au chevet de la Pauline qui allait mourir. Dans le film *Vincent, François, Paul et les autres* nous remarquons la place que tiennent le saucisson et le vin rouge lors d'un week-end chez Paul, la première fois que nous les voyons se mettre à table. Afin de souligner la particularité que les Français accordent à ces aliments, nous aimerions indiquer que nous les retrouvons régulièrement dans plusieurs films, même dans les plus anciens comme dans *Quai des Brumes* de Marcel Carné, tourné en 1938.

4. De nombreuses revues de presse consultées s'accordent à associer la sympathie première entre Madeleine et Léna au coup de foudre. Nous pensons que leur amitié présente une démarche progressive qui n'a rien à voir avec l'aspect fulgurant du coup de foudre. Précisons que l'auteur dit à ce propos que "c'est un peu plus qu'une amitié, un peu moins qu'une passion."

5. Au moment où nous écrivons cette activité se rencontre encore à Paris. Elle est illustrative d'une certaine réticence à moderniser, comme on le constate dans certains secteurs de l'économie française. Comme il en est de la langue, les esprits se laissent mal imprégner par la pensée capitaliste importée.

6. La Renault 4 verte que Léna apprendra à conduire n'est pas non plus en rapport avec son habillement. C'est l'auto que de nombreux Français de l'époque choisissaient pour sa valeur qualité/prix.

7. C'est ce qu'affirme Madeleine à l'oreille de Léna en lui disant au revoir. Au niveau du visuel, on remarquera la disparité entre le poêle à charbon, le tourne-disque vieille France, et le mobilier petit bourgeois qu'entretient une bonne à tout faire étrangère, probablement peu coûteuse. Les étrangers acceptent souvent de travailler sans être déclarés ("au noir"); c'est le prix qu'ils doivent payer pour le privilège de mieux vivre en France qu'ils ne le feraient dans leur propre pays (surtout s'ils sont rentrés de façon illégale). Il est presque douloureux de constater que le petit bourgeois (qui n'a amélioré son ordinaire qu'à force de travail), n'est

pas le dernier à exploiter la situation précaire des étrangers. Les signes extérieurs de richesse sont perçus comme une garantie du respect d'autrui. Cet esprit témoigne de la lutte qu'il y a entre l'identité individuelle et la société en général. Ce phénomène a pu être accentué par la pénétration étrangère en France; deux forces antithétiques: le capitalisme américain et l'immigration. L'esprit philosophique de ceux qui ont marqué l'histoire de leur empreinte ne se retrouve plus que dans les livres d'école.

8. Le nom est de consonnance étrangère. De nombreux films récents traitent de l'assimilation professionnelle et sociale des étrangers et de leur solitude. Remarquons en particulier le film de Mathieu kassovitz intitulé *La Haine* qui relate vingt-quatre heures vécues par des jeunes gens immigrés dans une cité HLM.

9. Les intentions de Carlier se concrétisent d'ailleurs dans le cours du film.

10. Voir ce que nous disions plus haut à propos du temps et des moyens dont disposent les travailleurs. Encore récemment, le gouvernement français prit des mesures afin de limiter le nombre des grandes surfaces, et de permettre ainsi aux petits commerçants de survivre; ceci accentue cet esprit traditionnel contemporain, malgré la diversité de la population et la nécessité de placer l'économie française à l'échelle mondiale.

Cette remarque explique aussi l'influence des guerres, de la philosophie et de la politique au cours des années 50. Le film ne fait aucune mention de l'église. Rappelons que Michel et Lena sont juifs d'origine, et que mise à part la religion catholique traditionnelle , les églises des autres dénominations ne sont pas encore organisées. C'est la télévision qui les amènera dans les foyers en 1958.

11. Ces remarques ne s'appliquent pas aux jeunes gens qui, dans les écoles et par leurs activités sportives ou autres, ont de meilleures occasions de s'intégrer. Costa est un enfant de la guerre.

12. "Y avait un épicier / Qu'était en train de s'amuser / Le camembert, sautait en l'air / Le livarot sautait plus haut / Le roquefort sentait plus fort / Et le cantal marchait...."

13. Voir dans notre chapitre sur le style la correspondance entre la sémantique de la chanson et son application prémonitoire.

14. Ce phénomène est identifiable aux convictions que maris et femmes partagent en matière de politique ou de philosophie. Si nous jetons un regard d'ensemble sur les progrès de la femme française dans tous les domaines de l'emploi et de la vie courante, nous nous apercevons qu'à l'exception de ce qui touche aux médias et à la cinématographie, la femme reste retranchée dans des postes subalternes (réception, secrétariat, vente, etc.). Au cours d'une interview télévisée, Bruni Tedeschi soulignait récemment que les cachets des vedettes féminines étaient inférieurs aux cachets des hommes. Déjà dans une interview accordée à Françoise de Maulde le 15 septembre 88, Isabelle Huppert faisait les mêmes observations.

15. Remarquons que Madeleine et Léna continuent à se vouvoyer, ce qui

dément les allégations de Michel qui les accuse d'être des gouines. Remarquons également que Michel ne se permet pas de faire ces accusations devant Costa, le mari de la femme dont il sollicitait les faveurs. Ce seul fait semblerait indiquer qu'il n'accuse Léna que pour mieux la contrôler. Il savait qu'elle saurait mal se défendre de ce dont il l'accuse.

16.   Madeleine est stupéfaite de ce qu'elle comprend:

> - Mais vous avez joui! C'était la première fois?
> - Ben, oui!
> - Mais c'est fou!
> - J'ai honte.

17.   A titre indicatif nous relevons pour ceux/celles qui ne connaissent pas la chanson, les paroles qui sont reprises dans le film: "I wonder who's kissing her now / I wonder who's showing her how / I wonder who's buying the wine / For lips that I used to call mine ? And I wonder if she ever tells him of me / I wonder who's kissing her now."

18.   *Le Quotidien de Paris,* 6 avril 1983. Rappelons que certaines robes des jeunes femmes sont simples et ordinaires, et qu'elles pourraient avoir confectionné celles qui semblent porter la marque des grands couturiers. Savoir coudre n'est pas une anomalie; beaucoup de Françaises aiment l'élégance, et à cette époque peu d'entre elles auraient hésité à se mettre à l'ouvrage pour être bien habillées, tant dans les campagnes que dans les villes.

Devoirs

A. Faites des phrases illustratives de ce que veulent dire les expressions suivantes:
tenir le coup - ne pas en mener large - être casse-pieds - se faire rouler - ne pas être dans son assiette - se saigner aux quatre veines - avoir du bagout -prendre ses cliques et ses claques.

B. Dites quels sont les thèmes illustrés par Diane Kurys, et si la conjoncture politique et sociale contemporaine semblerait en justifier l'étude.

C. Commentez le rôle des Thibault (les parents de Madeleine), de Carlier, et celui des enfants (dites quelles sont d'après vous les valeurs qu'ils incarnent).

D. Dans le livre *Le Cinéma Français* publié par les Editions Romsay en 1993, le film de Diane Kurys est présenté comme étant "une réflexion sur la condition féminine après la Seconde Guerre mondiale et avant les combats du féminisme" (p.193).
Dites quels sont les arguments qui selon vous pourraient réhabiliter la réputation de Michel et de Costa, et incriminer (s'il y a lieu) celle de Madeleine et de Léna.

E. Que diriez-vous à un(e) ami(e) qui n'a pas vu le film pour le (la) convaincre (ou dissuader) d'aller le voir.

UNE AFFAIRE DE FEMMES

■ ■

de Claude Chabrol
avec
Isabelle Huppert, Prix d'interprétation féminine
à Venise (Marie) et François Cluzet (Paul),
Marie Trintignant (Lucie) et Nils Tavernier (Lucien),
Marie Bunel (Ginette)
Guillaume et Nicolas Foutrier (Pierrot 1 et 2),
Aurore Gauvin et Lolita Chammah (Mouche 1 et 2)

Expressions utiles

Des jérémiades: des plaintes inopportunes.
Marie à Pierrot:

- Oh! Allez! Arrête tes jérémiades!
- Ça pique!
- Ça piquera plus quand ce s'ra cuit!

Embarquer quelqu'un: emmener quelqu'un sans son consentement:
Marie demande à Monsieur Blanche où est son amie Rachel:

- Elle est pas là, Rachel?
- Eh ben, non!
- Vous l'avez pas vue?
- Ils l'ont embarquée, les fritz.
- Embarquée? Où ça?
- Où ça, en Allemagne! Où veux-tu?
- Pourquoi ils l'ont embarquée?
- Elle est juive!

- Elle est juive, Rachel?
- Ben, si!
- Rachel elle a jamais été juive! Elle me l'aurait dit!

Faire la boniche: terme péjoratif pour l'employée de maison.
Marie à son mari alors qu'elle lave son caleçon:

- J' suis pas méchante, ça dure depuis mes 14 ans que j' fais la boniche, et
j' vois pas qu'un jour ça va changer.
- Comme la plupart des femmes.
- Je m'en fous de la plupart! Moi j' veux plus!

Avoir la peau dure: résister à la douleur.
Marie à son mari qu'elle refuse de caresser:

- J'aime pas ça! Non, j'aime pas ça!
- Qu'est-ce que tu aimes alors?
- La peau propre et bien repassée comme ma robe du dimanche.
Je crains pas les coups, j'ai la peau dure!

Tapiner (faire le tapin): les prostituées sollicitent les clients.
Lucie et Marie font connaissance en sortant de chez le coiffeur:

- T'es tricoteuse, quoi. Et ça paie bien?
- Oh, très bien. Et vous, qu'est-ce que vous faites?
- Ça s' voit pas alors que j' tapine?

Plumer quelqu'un: profiter de la naïveté de quelqu'un.
Cravacher un canasson: frapper un mauvais cheval avec un fouet.
Marie s'informe sur les manies qu'auraient les Allemands avec leur
partenaire, auprès de Lucie:

- Tu te fais combien par jour?
- Ça dépend. C'est un peu à la tête du client. Les boches,
j' les plume. J' peux pas m'en empêcher.
- Pourtant y'en a d' beaux!
- Oui, c'est vrai. C'est pour le principe.
- C'est vrai c' qu'on dit qu' y en a qui prennent du plaisir à cravacher les
filles?
- Oh, pas plus qu' les Français, va! C'est pas d'hier que les hommes nous
prennent pour des canassons!

Etre moche: être laid
Etre dans un même bateau: se trouver dans une situation déterminée.
Marie et Lucie comparent leur origine et leur situation sociale:

- Chez nous, on est plutôt normands de père en fils.
- Moi aussi.
- On a au moins un point commun.
- Pourquoi tu dis ça?
- T'as pas le même genre quand même!
- Tu m' trouves moche?
- Oh, que non! Mais t'as un mari! T'as des p'tits! On n'est pas dans le même bateau, c'est tout!

Accoucher: mettre au monde un bébé (ou un "lardon" dans le langage populaire). Ce verbe est très souvent employé de façon figurative pour inciter quelqu'un à dire ce qu'il hésite à dire.
Avoir un pépin: se trouver dans une situation très embarrassante.
Marie et Lucie continuent de discuter:

- Regarde-la qui fait la mystérieuse! T'accouches, dis?
- C'est presque ça! Si t'as un pépin, j' pourrais bien t'être utile.
- Un pépin?
- Un lardon...

Un pecquenaud: un paysan.
Marie embrasse Mouche. Elle rit:

- Il faudra leur acheter un grand lit. Ils auront plus l'âge de coucher ensemble. C'est bien pour les pecquenauds à cinq dans un lit, hein?

Un truc: c'est un mot passe-partout qui peut vouloir dire n'importe quoi. Ici Pierrot veut dire une cagoule.
La famille fête le nouvel appartement et chacun fait un voeu en soufflant une bougie. On demande à Pierrot quel était son voeu:

- J' veux être un bourreau; à cause des trucs qu'ils mettent sur la tête. Parce qu'on les r'connaît pas.

Garder son ballon: ne pas avorter.

Une femme accompagne sa fille chez Marie:

- Si on trouve personne tu garderas ton ballon. Qu'est-ce que tu veux que j' te dise? C'est pas d' ma faute non plus hein, si t'as couché avec le premier venu!

[à Marie]

- Elle a dit que vous pourrez nous rendre un service. Elle est enceinte de trois semaines. Montre-lui donc les sous! 1,000 francs, ça va?
- Entrez!
- (...) son mari est prisonnier depuis deux ans. Y a des femmes qui se font pas à la solitude.
- Faudra payer d'avance.

Avoir du culot: expression populaire. On dit aussi avoir du toupet/de l'aplomb.

L'épicier à une cliente:

- Le médecin y dit c' qu'y veut, le médecin! Cinquante grammes, c'est cinquante grammes. C'est tout c' que j' sais. Y' en a qu'ont du culot! [Regarde Marie] Oh, là là! Vous avez des tickets pour tout ça?
- Des sous, pas des tickets!

Prendre ses aises: ne pas se gêner psychologiquement parlant, faire ce qu'on veut.

Marie à Pierrot:

- Voilà! c'est fini le ventre creux, mon Pierrot! Maintenant, on va prendre nos aises. T'en veux, mon chou? Tiens! Voilà!

Faire des conneries: faire des bêtises (selon la morale ou le devoir civique).

Marie donne des cigarettes à Paul:

- Où tu les as eues?
- J' les ai achetées. C'est pas donné!
- D'où c'est qu' tu l' tiens, c't argent?
- De choses que j' sais faire et qu' tu sais pas.
- J'espère seulement qu' c'est pas des conneries!
- Ecoute, fume et t'occupe pas du reste.

Une piaule: une chambre.

Marie à Lucie:

- Pourquoi tu vas pas dans les beaux quartiers, t'es belle!
- J'aime trop les marins. T'as vu l' prix des piaules, là-bas?

Balancer quelqu'un: le limoger.
Marie à son mari:

- Qu'est-ce que tu viens faire? Il est à peine 4 heures!
- Ils n'ont plus besoin de moi. Ils m'ont balancé.
- Ben, j' croyais qu'y t' garderaient encore un an? Même qu'y t'avaient payé d'avance pour la retraite?
- Oui, ben... 'y z' ont changé d'avis[1]. J' suis pas assez bien portant. 'Y z' ont besoin de gars plus solides que moi.

Des combines: des ruses.
Paul à sa femme:

- Fais pas cette tête là, va! Invalide de guerre à 50%, ça rapporte des sous hein? P't-être un peu plus qu' tes combines!

Avoir quelque chose à l'oeil: gratuitement.
Gagner du pognon: de l'argent.
Taper dans l'oeil: plaire à quelqu'un.
Marie propose une autre chambre à Lucie qui vient de descendre avec Lucien:

- J' veux t' dire; pour demain; si tu pouvais prendre la p'tit' chambre, j'te la laisserais à l'oeil.
- T'as d'autres choses à faire? T'es une maline, toi! Tu t' fais du pognon par tous les bouts hein! Dis donc, tu lui as tapé dans l'oeil Lucien? Y t'a filé une oie?

Ratisser: au figuré dans ce contexte, dénoncer les juifs et les résistants à l'occupant.
Lucien à Marie qui le questionne après l'amour:

- Tu me prends pour un idiot? Je rends des services. Quand on se rend utile, ils nous foutent la paix. J'ai même réussi à avoir un laissez-passer.
- Qu'est-ce que tu fais alors?
- Je ratisse. Enfin, j'aide à ratisser. Mauvaises herbes. J'ai jamais pu supporter.
- T'es pas un romantique alors?

- J' suis un homme.

Des trucs de bonne femme: avoir recours à des solutions peu conventionnelles.
Marie s'adressant à la belle-soeur de Jocelyne, morte.

- (...) j'ai jamais eu d'accident, ça s'est toujours bien passé. Alors votre belle-soeur, ça peut pas être à cause de moi! Elle a dû paniquer et recommencer ses trucs de bonne femme. J' vois pas aut' chose. Je lui avais dit que si ça marchait pas, qu'elle revienne.

Trouver preneur: trouver quelqu'un qui accepte un marché.
Lucie à Marie:

- J'ai une bonne nouvelle pour toi mon p'tit ange. Ton cagibi, je crois que j'ai trouvé preneur. Marcelle. Une fille gentille. Qu'est-ce qu'elle marche la pute!

Traîner dehors: ne pas rentrer quand on devrait l'être.
Marie questionne Paul:

- Où est Pierrot? Il est pas encore rentré de l'école à cette heure-ci?
- Et toi, à traîner dehors avec cette pluie! Oh, il cherche peut-être sa mère!

Boulot: du travail
Avoir un tuyau: connaître des choses qui ne sont guère connues, ou gardées secrètes. Connaître le dessous des choses.
se figurer: réaliser quelque chose.
bouffer: manger
Discussion entre Paul et sa femme:

- C'est pas un boulot fatiguant. C'est sur les quais. Il suffit de surveiller s'il y aurait des saboteurs. Ils ont besoin de quelqu'un en qui ils ont confiance. C'est plein de communistes là-bas, il paraît.
- Comment est-ce que t'as eu ce tuyau, toi?
- C'est par une relation à moi qui a des amis bien placés.
- Bon; si ça peut empêcher des innocents de se faire...
- Ben, de quoi tu parles?
- Tu sais pas qu'à chaque fois qu'il y a un sabotage, il y a dix gars au hasard qui se font fusiller? Mais on est occupés, figure-toi! C'est pas

parce que Madame bouffe à sa faim et qu'elle a trouvé un amant que la
guerre n'existe plus!

Avoir la fringale: avoir faim. Dans ce contexte il s'agit de l'envie
d'aimer.
Une cliente de Marie:

- C'est la bonne époque. Au printemps ils ont tous la fringale!

Se faire engrosser: tomber enceinte.
Une cliente:

- Ça fait trois fois que j' me fais engrosser par un bismarck. Ce coup-ci,
il va passer aux w-c le lardon. Je compte sur vous, Madame Marie!

Prendre la relève: continuer le travail commencé.
Marie à sa bonne et ensuite à sa cliente:

- Finissez-la, Fernande. Mon assistante va prendre la relève. Faut bien
lui faire confiance, elle est très compétente. J'ai du retard aujourd'hui.
Le plus dur est passé.

Mettre sa main au feu: être certain de quelque chose.
Marie au tenancier du café:

- Bonjour, Monsieur Blanche. Vous n'avez pas de nouvelles de Rachel?
- Vous avez déjà vu des juifs qui reviennent, vous?
- Rachel, oui. Elle reviendra. J'en mettrais ma main au feu!

Zigouiller: tuer.
Des codétenues à Marie:

- (...) T'avais moins de scrupules quand tu zigouillais les gosses!
- Mais, j'ai jamais fait de mal à un gosse, moi!
- Mais qu'est-ce que tu crois qu'elles avaient là-dedans? Des araignées?

Une prison bondée: une prison abritant plus de détenues qu'elle n'a
été conçue pour le faire.
Marie et son avocat:

- (...) Allez, du courage surtout! Bon. Vous n'avez besoin de rien? Les prisons à Paris sont bondées par rapport à la province.
- Ça va, merci. Ah, si! Ce qui me ferait plaisir peut-être, c'est une carte postale avec la Tour Eiffel. C'est pour mes enfants. Ils ont jamais été à Paris.
- Bien sûr, je comprends....

Couper les couilles: dénaturer un homme/lui faire peur.
Sur un banc deux avocats discutent:

- On va lui couper la tête. Travail - Famille - Patrie. L'état a encore tous les droits, il impose des devoirs. Pour eux, la bonne femme a tué pour de l'argent. Point, à la ligne.
- C'est une hypocrisie monstrueuse!
- Comme tu dis. Et tous les enfants juifs qu'ils ont expédiés en Allemagne?
- J'ai l'impression d'être complice!
- Nous le sommes. Ils nous coupent les couilles.
- Ils taillent dans le vif.
- Le sang ne leur fait pas peur.
[Deux Allemands traversent au loin l'écran.]
- Quand je pense que c'est à cause d'eux! En fait, ils se vengent!
- Pour leur lâcheté.
- La leur, la mienne, la tienne.
- La France est devenue une gigantesque basse-cour!

Aspects culturels

" En tous cas, si le film heurte, c'est qu'il renvoie à des choses de soi qu'on a du mal à regarder."

Isabelle Huppert à Colette Godard: *Le Monde*, 21 septembre 1988.

Les aspects culturels de ce film appartiennent à une époque bien déterminée, celle des années 40 pendant l'occupation allemande. L'histoire s'inspire du livre écrit par Francis Szpiner du même titre, qui relatait l'histoire vécue de Marie-Louise Giraud née le 17 novembre 1903 à Barneville dans le Calvados, d'un père jardinier et d'une mère qui faisait des ménages. Selon le reportage de Jean-Marc Théolleyre dans le journal *Le Monde,* Marie-Louise Giraud, mère de deux enfants, avait été serveuse dans un restaurant, et amenée sous l'occupation à "délivrer" une jeune voisine de dix-huit ans qui avait fauté. Ce premier geste la conduisit à en avoir d'autres de cette nature (27 pour être exact), jusqu'à ce que l'une de ses patientes succombe. Ce commerce, qui n'était pas gratuit (dit-il), contribua à sa prospérité et l'amena jusqu'à Cherbourg où elle s'acheta une maison. Une dénonciation anonyme entraîna sa perte, son aveu sera complet, et elle regrettera ce qu'elle a fait, tout en promettant de ne plus recommencer. "C'est la justice qui prendra les devants (nous dit Jean-Marc Théolleyre), histoire de faire un exemple au pays qui a pris pour devise "Travail, Famille, Patrie[2]." Le procès sera présidé par un magistrat, Paul Devise, que l'on déclarera plus tard en état de démence. "(...) Contrairement à une idée répandue, cette exécution capitale d'une femme ne fut pas la dernière en France: Lucienne Fournier, le 11 décembre 1947 à Melun, puis le 21 avril 1949 à Angers, Germaine Laloy, furent encore livrées au bourreau."

Tels sont les épisodes véritables que le film reprend comme pour nous plonger dans le climat où ils se sont passés; car l'esprit du spectateur répond mieux à des circonstances précises s'il doit en comprendre les conséquences. Il faut aussi avoir eu un aperçu de ce que fut la dernière guerre mondiale, pour saisir objectivement les motivations et les sacrifices des Français qui ont assumé la continuité, et donné vie à la pensée contemporaine. Le film illustre comment l'Histoire de l'époque put subrepticement transformer une jeune femme qui ne demandait qu'à être heureuse en une victime, inéluctablement condamnée à mourir au nom d'une devise conçue par un opportuniste déterminé à assurer son influence politique au nom de sa gloire passée. Préconiser la pérennité des familles quand deux millions d'hommes sont prisonniers dans des camps, que le service des travailleurs en Allemagne est obligatoire, et qu'une ligne de démarcation coupe la France en deux, est une aberration[3]. Pouvons-nous légitimement blâmer les femmes restées seules qui ont cédé à deux bras masculins sans trop regarder à qui ils appartenaient? C'est la question que posait Annie Copperman. Sans déterminer s'il convient d'être pour ou contre l'avortement que la sécurité sociale rembourse aujourd'hui grâce à l'initiative de Simone Weil en France, il convient de relever (en toute objectivité), l'argument de la religion prêté dans le film à la tante des orphelins à qui Marie demande ce qu'elle va faire: "Rien [dit-elle]. Ces enfants, on leur a fait suffisamment de mal. Je ne veux pas qu'ils sachent de quoi leur mère est morte. Celui-ci est sourd de naissance. N'entend rien. Maintenant je vais essayer de les élever tous. Ils sont six. Loin du scandale et de la boue, et dans la religion chrétienne. (...) mais je voulais que vous sachiez: les bébés dans le ventre de leur mère ont une âme. Je vous plains!"

Outre le fait que la conjoncture de l'époque privait les femmes de leur homme mis au service de l'appareil de guerre allemand par la défaite, le gouvernement de Vichy procédait au ratissage systématique des juifs français (hommes, femmes et enfants) pour les envoyer vers les camps de la mort (rafle du Vel' d'Hiv.). Les faits ne s'effacent pas. Ce film n'est ni un réquisitoire pour ou contre l'avortement, la religion ou la peine de mort, mais l'illustration pure et simple des dangers qui menacent les peuples asservis par le glaive raciste, fanatique et tout puissant. Relevons ce que Gérard Lefort recueillait de Claude Chabrol au cours d'une interview[4]: "*Une affaire de femmes*, film d'époque, outre qu'il touille une boue que beaucoup préfèreraient noyer au fond de la mare, pose par boomerang une question immédiatement d'actualité: de quelle infamie sommes-nous capables aujourd'hui? Et par ricochet (...) comment faire pour ne pas devenir infâme, même et surtout quand on croit ne pas l'être du tout."

Plusieurs éléments parlent en faveur de l'innocence de Marie. Quand nous faisons sa connaissance, sa misère semble être sans fond. Seule, elle élève ses deux enfants dans deux pièces minables, sombres et meublées d'objets peut-être donnés ou achetés d'occasion, mais indispensables. C'est l'hiver. La mère et les enfants ramassent des orties pour faire de la soupe,

et achètent à prix d'or des pommes de terre à un paysan, que le petit
Pierrot récolte comme un homme[5]. Pour vivre quand son mari n'était pas
là, nous apprenons que Marie faisait du tricot. Des femmes (que le destin
avait mieux épargnées) lui envoyaient la laine et le patron, et Marie leur
renvoyait le travail fait[6]. Nous apprenons aussi qu'elle ne savait pas lire.
A son enfant de sept ans qui ne sait pas faire ses devoirs elle répond:"
C'est pas moi qui peut t'aider, mon petit canard. Allez, ça n'a pas
d'importance. Va au lit dans ton joli pyjama[7]." Car Marie aime ses enfants,
et son amour ressemble à celui de toutes les mères véritables. Elle soigne
le genou de Pierrot qui s'est fait mal; elle l'engage à venir se coller contre
elle pour dormir quand elle rentrera; elle berce sa petite Mouche de mots
d'amour. Avec le premier argent qui lui permet d'acheter de la nourriture
au marché noir, elle s'empresse de servir à volonté à ses enfants la confiture
dont ils sont friands. "Voilà! C'est fini le ventre creux, mon Pierrot!
Maintenant, on va prendre nos aises. T'en veux mon chou? Tiens, voilà![8]"
Du début de l'histoire jusqu'à son arrestation, Marie ne cesse d'améliorer
le quotidien de ses enfants, et de leur témoigner l'amour qu'elle leur porte.
D'où sa réflexion faite à l'une de ses codétenues dans la prison d'Etat au
moment du repas: " Si je n'avais pas fait des sous avec mes avortements,
c'est ça qu'ils auraient eu à manger tous les jours, mes gosses!" Nous ne
saurions trop insister sur le degré de sa misère au début du film et sur sa
solitude. Son amie Rachel, la seule qui la comprenait et en compagnie de
laquelle elle avait le sentiment d'exister est arrêtée. Mesurons sa naïveté
dans son dialogue avec Monsieur Blanche que nous avons déjà relevé au
début de ce chapitre:

- Elle est pas là, Rachel?
- Eh ben, non!
- Vous l'avez pas vue?
- Ils l'ont embarquée, les fritz.
- Embarquée? Où ça?
- Où ça, en Allemagne! Où veux-tu?
- Pourquoi ils l'ont embarquée?
- Elle est juive.
- Elle est pas juive, Rachel.
- Ben, si!
- Rachel? Elle a jamais été juive! Elle me l'aurait dit!

Marie ne voyait en Rachel qu'une amie qui l'écoutait; une amie avec qui
elle pouvait partager ses rêves. Elles étaient toutes deux jeunes et ouvertes

à l'espoir. Leur entente au niveau du coeur et de l'esprit était complète et spontanée, ignorante des restrictions qu'apportent le moment historique, la politique et la religion. Leur amitié était de celles qui naissent et s'épanouissent sans poser de questions et sans rien calculer.

Marie ne fait d'ailleurs aucun calcul lorsqu'il s'agit d'aider son prochain dans la mesure de ses moyens, qu'il s'agisse de prêter son moulin à café, ou quand les circonstances l'exigent, d'aider sa voisine à avorter, puisque son peu de connaissance des choses lui a tout de même laissé comprendre qu'un bain de moutarde ne mènerait à rien.

> - Bernard ne veut pas que j' le garde. Ils l'envoient travailler en Allemagne. Tu sais, pour la relève, pour faire rentrer les prisonniers[9]. Il part dans trois jours.
> - Et y peut rien faire[10]?
> - Non, tu sais bien! Y dit qu'on sait pas combien de temps tout ça va durer et y veut pas; y peut pas jurer quelqu' chose qu'y pourra peut-être pas tenir. Peut-être que ton mari va rentrer?
> - C'est pas comme ça que tu vas t'en débarrasser de ton môme! Pas avec de la moutarde!

Cet avortement est une angoissante expérience pour Marie qui n'en avait jamais fait. La pitié qu'elle éprouve pour sa voisine (qui doit avoir à peu près le même âge qu'elle) à qui la nature a joué un mauvais tour, la pousse à accomplir ce dont elle n'avait jusqu'alors qu'une vague notion. "Je préfère que ce soit toi. J'ai peur de pas savoir" dit Ginette. Et c'est ainsi que l'engrenage qui devait l'anéantir se mit en marche. Selon Anne de Gaspéri dans le journal *Le Monde* du 5 septembre 88, "le cas de cette femme condamnée à mort en 1943 pour avoir pratiqué dans sa cuisine des avortements dont elle tirait un petit profit, paraît absurde tant il a été depuis celui de bien d'autres avant que la pratique devienne légale." Les Marie sont légions.

Nous avons dit que Marie était seule. Dans l'univers où elle nous est présentée, personne n'est là pour la conseiller. Elle n'a pour se guider que la nature de son instinct et de son coeur. Dans le cadre de sa culture, elle réagit comme elle peut aux exigences que la société lui a imposées. Il est normal que son mari invalide de guerre à cinquante pour cent vienne se réfugier dans ce deux pièces minable, avec comme prime une pension de 3 500 francs par mois. Comme il est normal que ce soit à Marie qu'incombent les désagréments de l'invalidité. En l'épousant elle s'engagea à l'aimer (même si elle n'en a plus envie), et à le servir (à lui faire sa soupe et à laver son linge), si c'est ce à quoi confinent les serments du mariage des pauvres. Mais Marie éprouve un besoin physique de vivre. Elle chante les couplets populaires de l'époque, et le chant est son exutoire. Quand Ginette lui apporte le phonographe, elle attend que Paul soit parti "des fois qu' tu veux pas qu'y sache" dit-elle[11]. Quand Marie se refuse à son mari nous l'entendons lui dire: "J' crains pas les coups. J'ai la peau dure!" Cette façon de rétorquer appartient généralement à celles qui s'attendent à être battues, comme si elle en avaient l'habitude, ou comme s'il s'agissait dans leur esprit de quelque chose de normal. Paul est devenu un excédent dont Marie se serait bien passé pour mieux favoriser un commerce fortuit et florissant dont elle a de plus en plus besoin[12]. Car il est dans la nature des choses de toujours vouloir mieux vivre. C'est la sympathie qu'elle éprouva envers Lulu qu'elle rencontra fortuitement chez le coiffeur, qui l'amena à louer une chambre, puis deux (un placard dit Lulu), à des prostituées. Ceci lui sera aussi reproché dans le réquisitoire de l'accusation.

En prenant en charge son destin dans la limite de ses moyens et dans celle de son esprit, Marie ne faisait que profiter de circonstances uniques dans ce qu'elles avaient de fortuit et de temporaire, puisqu'elle avait la naïveté de penser qu'elle pourrait un jour chanter sur une scène[13]. Rachel le lui avait sans doute affirmé par amitié (il ne faut pas tuer l'espoir de ceux qu'on aime et qui se trouvent dans la misère), et son professeur de chant, par intérêt. Marie avait soif de vivre une vie de femme (et non pas une vie de bête de somme), et d'être aimée. C'est pourquoi elle s'éprendra d'un jeune opportuniste, ce qui la mènera à prendre de grands risques sans s'en rendre compte. En aimant un autre homme que son époux, elle ne faisait que répondre à un élan de sa nature; mais aimer demande beaucoup de temps, beaucoup plus de temps qu'elle n'en avait pour s'occuper de son "entreprise" et de sa famille. C'est pourquoi elle rentre un soir tard sous la pluie. Son mari en pyjama fait danser sa fille sur la table, tandis que Pierrot n'est toujours pas rentré de l'école. Un autre jour, Pierrot prend un bonbon en rentrant et regarde par le trou de la serrure ce qui se passe dans la cuisine. Marie est en train d'y recevoir une cliente tandis que son amant l'attend. Avec le temps elle fera de sa bonne une complice compétente pour mieux pouvoir rejoindre son amant[14]. La plus grande erreur de Marie sera non pas de s'être fait remplacer par sa bonne dans le lit de son mari, mais bien de lui avoir fourni la preuve visuelle de son indifférence alors qu'elle le croyait au travail. L'"entreprise" de Marie tenait à bien peu de choses, d'où la profondeur de sa naïveté et de son irresponsabilité.

En nous présentant les vicissitudes de Marie, Claude Chabrol fait aussi un plaidoyer en faveur de la femme en général. Considérons brièvement le sort des clientes de Marie.

La première qui se présente est envoyée par Lulu; elle est accompagnée de sa mère. Elles viennent d'un village des environs. La jeune femme s'entend reprocher avec une certaine vulgarité d'esprit, d'avoir couché avec le premier venu. Elle est enceinte de trois semaines et son mari est prisonnier depuis deux ans. " 'Y a des femmes qui se font pas à la solitude" dit la mère. Nous relevons aussi que malgré son âge qui la place sans ambiguïté dans le monde des adultes confirmés, la jeune femme en difficulté s'est réfugiée auprès de sa mère et en accepte les réprimandes. Ce faisant, la jeune femme renonce à ses privilèges naturels qui lui octroient l'initiative, et se résigne à l'assujettissement. Cette démarche équivaut à l'abnégation de l'être; la jeune femme est victime de son incapacité à maîtriser sa nature, son destin et son époque.

Le deuxième exemple qui nous est présenté est celui de Jocelyne qui eut six fois le corps déformé en sept ans de mariage, et toujours un petit affamé suspendu à ses seins, dit-elle. Elle ne se rappelle d'avoir été heureuse qu'un seul été, à seize ans. Jocelyne meurt (c'est un choix), victime de la nature, de l'époque, et sans doute aussi d'une négligence marquée au niveau de l'éducation.

Bien que mariées, ces femmes sont seules et démunies face à la vie et au moment historique qu'elles traversent. Il aurait fallu qu'elles sachent préconiser des moyens adéquats pour survivre, ce à quoi elles n'avaient pas été préparées. Ces expériences ont été celles de nombreuses femmes qui ont pourtant survécu. Les tragédies et les joies de ceux qui sont, ou ne sont pas revenus d'Allemagne, ont laissé une empreinte indélébile sur la mémoire nationale, qui encore aujourd'hui débat, sous l'égide de l'ordre et du désordre, le passif de ses concitoyens.

Car nul n'a le droit de n'être pas concerné par la défaite et par l'occupation du sol d'une armée étrangère qui lui ôte ses libertés, et lui impose une idéologie qu'il ne partage pas. Certes, les prostituées ont continué à faire leur métier sans regarder d'où venait l'argent qui les faisait vivre. Pourtant, il est des êtres parmi ceux que la société considère comme des plus méprisables, capables de respecter des principes qu'ils tiennent pour élémentaires. Lulu ne peut s'empêcher de "plumer les boches," même s'ils sont beaux. Elle refuse de faire son métier dans une chambre d'enfant, et quand Marie lui demande si les bébés ont une âme, elle lui répond sans ambages qu'il faudrait d'abord que leur mère en ait une. Pour être une prostituée, Lulu incarne les plus nobles des valeurs humaines; venant d'elle, le spectateur peut s'étonner de ses réparties. Serait-ce que dans son esprit le sujet ne mérite pas d'être débattu? Non. Et si la mère n'a pas d'âme mérite-t-elle d'être entenduc? Comment la vie et la mort d'un bébé peut-elle être discutée? Comme les femmes l'ont toujours fait jusqu'alors, Lulu prend ses responsabilités avant l'amour, et n'est jamais contrainte d'avorter après l'amour. Le débat reste ouvert, et avec le sourire de Marie la conversation biaise sur un autre sujet. Le problème de l'avortement reste posé, et le débat se glisse dans la conscience du spectateur.

Ceci nous amène à considérer le rôle des hommes sous l'occupation et ce qu'ils symbolisent.

De fait établi, ceux qui produisent restent aux champs et dans les usines car l'occupant a besoin d'eux. Restent les autres.

Les prisonniers et les travailleurs volontaires (ou pas) recrutés par le truchement du maire dans tous les villages et villes de France. Paul symbolise les premiers, Bernard les seconds (volontaire par force). Puis il y a les collaborateurs comme Lucien. Ils furetèrent autour d'eux et dénoncèrent ceux qui essayaient d'échapper à la rafle humaine. C'est ainsi que pendant tout le cours de la guerre eurent lieu l'arrestation, la déportation et parfois l'exécution arbitraire de Français soupçonnés de résistance passive ou ouverte à l'occupant. Arrêtons-nous un instant sur ce que Paul dit à sa femme qui ne comprend décidément rien à la situation politique en France.

> - Tu sais pas qu'à chaque fois qu'y a un sabotage y a dix gars au hasard qui se font fusiller? Mais on est occupés, figure-toi! C'est pas parce que Madame bouffe à sa faim et qu'elle a trouvé un amant que la guerre n'existe plus!

Mais Paul accepte le boulot que lui procure Marie sans chercher à savoir par quels moyens elle le lui procure; si elle reste évasive, Paul n'est pas curieux. Il dira même à son fils: " De toutes façons, on s'en fout d'où elle tient son argent. Du moment qu'on est plus réveillé par le train!" Il accepte les cigarettes qu'elle lui donne et fait des découpages jusqu'au jour où, la surprenant endormie avec son amant, il écrit la lettre anonyme[15]. Il ne pense pas aux conséquences de son geste, ni à l'intérêt des enfants dans tous les domaines. Paul est trahi par la guerre, par la vie, par sa femme, aussi et surtout par le milieu social auquel il appartient. Le milieu de ceux qui n'ont appris que trop peu de choses de la vie, et qui ne répondent qu'à l'instinct à peine contrôlé des peuples asservis. Paul est un pauvre type qui n'a pas eu de chance, et qui, par surcroît ou par bêtise, prive ses propres enfants de la mère qui les aimait. Mouche pleure, Pierrot se tape la tête contre le bois du lit, et Paul reste seul, sans travail, invalide à 50%, avec 3 500 francs par mois. Un peu d'amour et de sacrifices acceptés auraient pu le rendre heureux malgré tout. Mais le temps, la solitude, la misère endémique, la nécessité de survivre avec une apparence de dignité, tout contribua à alimenter dans le coeur de Marie une profonde pitié et à en éloigner l'amour. Leur histoire a un dénouement tragique. Des milliers d'autres couples se sont accoutumés au compromis (tacite ou accepté) pour que la vie continue sans créer d'autres souffrances. Ceci explique peut-être pourquoi le poids du passé n'en finit pas de s'éterniser sur la conscience nationale des Français d'aujourd'hui.

La fin du film (ou deuxième et dernière partie) déçoit un peu notre attente, et place le cas de Marie dans le cadre d'une thèse sur la procédure judiciaire de l'époque. Les manipulations des chefs d'accusation, l'impuissance de la défense tant au niveau du droit qu'au niveau humain y sont exposées de façon marginale. Lorsque Marie attend, angoissée que soit prononcée la peine à laquelle elle se verra condamnée, elle définit assez bien la façon dont la justice était conçue:

> - Ils passent leur guerre le cul dans leur fauteuil; et puis un jour, y'z en prennent une au hasard, et puis pas une qu'est née avec sa cuiller en or dans la bouche hein? et ils la jettent en prison, sous prétexte qu'elle a pas donné le bon exemple. Et Mouche et Pierrot, qui c'est qui va s'en occuper? Ça n'y pense même pas! Chez eux, y a des bonnes pour s'occuper des gosses! C'est facile de pas faire de saloperies quand t'es riche! Ah, ça fait quatre mois que ça traîne. S'ils veulent me punir qu'y's décident! Et puis, y a qu' des hommes là-dedans. Qu'est-ce que tu veux qu'y'z y comprennent les hommes!

C'est d'ailleurs ce que confirme le discours d'un certain colonel, auprès de qui Maître Fillon (l'avocat de Marie) essayait de présenter les circonstances atténuantes qui éviteraient la peine de mort à sa cliente (le spectateur remarque la main gantée du colonel, qui cacherait l'amputation).

> - On n'est pas à Jérusalem! mon cher Maître. Vous êtes un sentimental! Nous sommes un pays vaincu qui doit se relever. La France doit retrouver de toute urgence sa morale. Et quand un pays a la gangrène, on ne sentimentalise pas. On sectionne le membre gangrené. On l'écarte, tout au moins.

Marie est condamnée à mort et exécutée pour servir d'exemple. Elle paie de sa vie son ignorance.

C'est Pierrot qui dans ce film raconte l'histoire de sa mère. Ceci invite le spectateur à songer à la souffrance qui dut être la sienne à grandir en aimant une mère morte, pour l'avoir trop bien aimé, pour avoir voulu lui éviter de connaître la misère, pour avoir osé espérer chanter un jour sur une scène. Maudits soient les fléaux de l'esclavage, de l'ignorance, de la crédulité, et les idéologues qui en profitent. Les problèmes de la guerre et de la paix, de la vie et de la mort (qu'il s'agisse d'avortement ou de peine capitale), de la culpabilité et de l'innocence des uns et des autres, sont posés: quand, comment, dans quelles circonstances, et à la suite de quels raisonnements, l'humanisme prendra-t-il enfin le pas sur la convoitise existentielle des tyrans et de leurs acolytes?

Le style

Ce film est, selon Marie-Noëlle Tranchant dans *Le Figaro* du 21 septembre 88 "un extraordinaire portrait de femme ordinaire: Une anti-héroïne, qui vit 'au premier degré' une existence sage et terne de petite provinciale." Toute la presse de l'année de la sortie du film s'accorde à reconnaître le caractère réel de la vision que nous donne Chabrol, avec la perfection d'un historien. D'autres parlent de documentaire, de fresque subtilement fouillée jusqu'au coeur du détail, de reportage de précision clinique sans déploiement de force, avec un filmage qui mise tout sur les acteurs. Bref: Isabelle Huppert qui occupe presque tous les instants du film reçut pour son rôle le prix d'interprétation féminine, à la 45e Vostra de Venise.

L'histoire, nous l'avons dit, est une histoire vraie. Le décor l'est aussi. Tous ceux qui ont vu les vieux murs des petites villes de province (cette histoire se passe à Dieppe sur la Manche) peuvent en témoigner. Tout leur est familier: les rues pavées et mal éclairées , les cours des immeubles délavés par la pluie, les escaliers obscurs, étroits et vermoulus, le mobilier désuet, et les articles conçus pour durer (que l'on trouve d'ailleurs encore dans le commerce) comme les bassines en aluminium à deux anses, ou l'ensemble de toilette (cuvette et pot à eau) en émail. Jusqu'aux enfants que l'on conçoit couchés à trois ou cinq sur un matelas pour deux personnes, comme Victor Hugo aurait pu nous les décrire dans un de ses poèmes réalistes au dix-neuvième siècle. Les images sont des images de misère indéniablement vraies, aussi réelles que les bruits du train qui siffle à hauteur du passage à niveau et qui s'élance dans la nuit, ou que les chansons populaires que chante Marie à intervalles réguliers, ou que Paul chante en faisant danser sa fille sur la table. Les spectateurs en reconnaissent les refrains pour avoir été ceux que leurs parents écoutaient et qu'ils connaissent encore par coeur pour les avoir trop entendus. Les moments tragiques de l'Histoire peuvent ainsi s'accompagner d'airs tenaces, tendres et joyeux. Moments d'autant plus remarquables, que les enfants qui les traversent sont petits. C'est Mouche jouant aux marionnettes ou Pierrot allant à l'école assis à cheval sur le dos de son père le sac d'école accroché sur son dos, ou encore les enfants barbouillés de confiture et jouissant d'un moment privilégié, comme s'ils n'en avaient jamais eu. Ces images sont celles de la France pendant la dernière guerre mondiale.

Le fond tragique de l'abandon de Paul peut être le moment où il demande à sa femme ce qu'elle lui reproche. "De ne pas t'aimer" répond-elle péremptoire. Avec ces quelques mots sombre son univers, son avenir, ses rêves de prisonnier et ses espoirs. Cet épisode est suivi de la rencontre de Marie et de Lucien à la loterie. Il lui offre une oie dont il vient de trancher la tête:

- Je vous emmène boire quelque chose?
- D'accord!
[Les enfants dégustent chacun une crème glacée.]
- Vous avez le coup de sabre...
- Vigoureux, c'est ça?
- Oui, c'est ça.
- C'est mignon quand vous rougissez. Ca fait sortir vos taches de rousseur. Vous avez honte?
- De quoi?
- De vos taches de rousseur. De me plaire!
- Vous dites n'importe quoi.
- Oh, non! C'est ce que je pense. Je vous aime et vous aussi vous allez m'aimer. Ben...on se reverra plus tard! A bientôt!

La façon (victorieuse) dont Lucien assène le coup de sabre, symbolise à la fois l'esprit qui le motive au niveau de son rôle dans la ville occupée, et sa suffisance virile. Plus tard, lors de son rendez-vous amoureux avec Marie il prétend n'être pas idiot. Il rend des services. Il ratisse. Il n'a jamais pu supporter les mauvaises herbes, dit-il[16]. Marie qui répond plus à l'instinct qu'à essayer de comprendre des concepts qu'elle saisit mal, se laisse gagner par l'aventure que le hasard lui a présentée. Car elle avait eu l'occasion d'apercevoir Lucien chez elle, alors qu'il venait d'occuper une de ses chambres avec Lulu. C'est alors qu'elle s'était mise à chanter l'air annonciateur de son destin[17].

Leur premier dialogue, que nous venons de citer, est plein de retenue (comme peuvent en avoir des êtres qui s'attirent sans oser se l'avouer), et de double-sens. "Vous aussi vous allez m'aimer." Cette déclaration donne à Lucien une autorité prophétique, et ce qu'il dit tombe sur un terrain fertile. Pourquoi Marie refuserait-elle de se laisser aimer par un conquérant? Lucien parle le langage de l'homme qu'il veut être aux yeux de tous ceux qui le regardent: un macho en pleine possession de ses moyens. Ne dira-t-il pas plus tard à Marie devant ses amis à la table de billard "Je ne supporte pas qu'une femme soit en retard!" Lucien joue son rôle avec beaucoup de naturel et de conviction. Tous les détails compris dans la mise en scène ont leur importance, jusqu'à l'uniforme allemand qui traverse l'écran au moment où Ginette s'apprête à avorter, et que les enfants s'engagent sous la pluie avec la consigne de ne pas revenir avant midi, et le moment où les deux avocats de la défense admettent sur un banc d'un square public que Marie sera exécutée.

Le film de Chabrol est un documentaire en images, un témoignage vibrant d'une page indélébile de l'Histoire. Les questions qu'il "touille" restent valables encore aujourd'hui, puisque les guerres (quels qu'en soient les prétextes), n'ont toujours pas cessé de déchirer la terre.

Notes

1. "y z'ont" est mis pour "ils ont."

2. Devise proclamée par le Maréchal Pétain qui, selon J. R. (*l'Humanité,* 7 septembre 1988) avait à 64 ans épousé une divorcée. Il n'avait jamais eu d'enfants. Ajoutons que le Tribunal d'Etat, selon ce que nous rapporte Annie Copperman dans *Les Echos* du 21 septembre 88, était "une juridiction d'exception fonctionnant avec des volontaires et créée pour réprimer les délits que les magistrats de cours traditionnelles hésitaient à condamner." Pour comble d'ironie, le gouvernement Vichy comptait deux bâtards de marque, Paul Baudoin et le Général Weygand. En avril 1941 le gouvernement avait fait passer une loi qui interdisait le divorce pendant les trois premières années de mariage.
Rappelons aussi que la science n'avait encore rien mis au point pour la prévention de la grossesse.

3. Selon la recherche que fit Yves Durand publiée dans son livre *Prisonniers de guerre, 1939-1945,* 1 800 000 Français auraient été capturés en 1940 (40 000 seraient morts en Allemagne). Ces chiffres ne reflètent pas les travailleurs qui furent recrutés pour y aller, auxquels il faudrait ajouter les volontaires, même si ceux-ci étaient moins nombreux.

4. *Libération* du 21 septembre 88.

5. Sans vouloir médire de l'esprit qui habite les paysans francais, nous devons reconnaître que certains ont profité de leur situation privilégiée en temps de guerre (facilité de cultiver la terre et d'élever un troupeau), pour vendre bien cher le produit de leur récolte, sans toujours regarder s'ils n'étaient pas en train de tirer profit de la misère d'autrui. Ici Claude Chabrol laisse entendre ce que beaucoup de Francais savent, déplorent, et préfèrent oublier. Est-il besoin de rappeler l'acrimonie que les Français ont éprouvée tant à l'égard du rationnement que de l'uniforme allemand, acrimonie que nous avons soulignée dans notre analyse du film *Coup de foudre.*

6. Nul doute qu'elle ne disposait alors que de modestes aiguilles (ce qui rendait le travail infiniment long dans le temps), et qu'elle dut plusieurs fois dominer le désespoir dans sa solitude, pour le transformer en ténacité.

7. Le joli pyjama fut apparemment acheté après que le premier argent ait suffi à assurer une meilleure subsistance.

8. Les mêmes remarques que nous avons faites à l'égard des paysans peuvent être faites à l'égard des commerçants. S'il y a eu en France des collaborateurs, il y eut aussi des Francais cupides, qui ont profité de la conjoncture politique.

9. Les prisonniers invalides étaient renvoyés dans leur famille pour être

remplacés par des hommes valides, qui pouvaient contribuer à l'effort de guerre de l'Allemagne. L'ironie de la situation réside dans le fait que ce repatriement ait pu être interprété par leur famille comme une chance: celle d'avoir été reconnu invalide!

10. "y" est mis pour "il."

11. Cette remarque est à comparer à celle de Lucie qui s'en va "pour pas faire d'histoires," quand Paul rentre dans la cuisine. Le mari personnifie l'autorité indiscutable ou incontournable, devant'laquelle la femme doit invariablement se soumettre. L'avenir prouvera que son mari était le plus dangereux de ses proches. Voir plus loin le potentiel énergétique de Paul et ses motivations.

12. Rappelons également les observations qu'elle fit à son mari le jour où elle lavait ses caleçons:

- (...) Ça dure depuis mes quatorze ans que je fais la boniche et je vois rien qu'un jour ça va changer.

- Comme la plupart des femmes.

- J'm'en fous de la plupart! Moi, j'veux plus! J'veux qu'on déménage, Paul. J'en peux plus d'ici! On vit comme des rats!

13. Nous avons souligné que le premier avortement et la rencontre de Lulu la prostituée à qui elle louera des chambres sont fortuits. Rien n'émane d'un esprit pervers et déterminé à faire des choses que la morale réprouve.

14. Relevons la réponse de Fernande quand Marie lui demande d'être discrète: "Oh, y a pas à se faire du souci, Madame! Vous savez, j'en ai vu des choses, alors j'ai vite appris. Quand on m'demande, j'sais jamais rien." Ce témoignage montre encore ce que les femmes furent réduites à faire quand la misère et la nécessité de survivre les y contraignirent. Nous relevons aussi que Fernande s'adressant à Marie qui la rémunère l'appelle "Madame." Une de ses cliente "engrossée par un bismarck" (nous paraphrasons), s'adresse aussi à elle en l'appelant "Madame Marie." Ces détails illustrent le respect inhérent à la communication entre adultes de toute appartenance sociale.

15. Dans *Le canard enchaîné* du 21 septembre 1988, Jean-Paul Grousset observe que le mouchardage était alors à la mode. C'est l'occupation de Lucien, comme ce fut celle des Français qui virent dans le sabotage la condamnation de leurs convictions politiques ou de leurs intérêts.

16. Dans son esprit, ceux qui oeuvrent à l'encontre de l'ordre établi.

17. Les paroles de la chanson correspondent à ce qui va se passer, comme la chanson que chante Marie chez son professeur de chant correspond à ce qui s'est passé. Nous donnons ci-après les paroles qui nous sont présentées de ces deux chansons: "On s'est rencontré simplement / Et je n'ai rien fait pour chercher à te plaire / Je t'aime pourtant / D'un amour ardent (...)." "Le temps des lilas et le temps des roses / Est mort à jamais...."

Devoirs

A. Faites des phrases illustrant ce que veulent dire les expressions suivantes:
   plumer quelqu'un - être dans un même bateau - avoir du culot - avoir un tuyau - taper dans l'oeil de quelqu'un - faire la boniche - mettre sa main au feu - avoir quelque chose dans l'oeil.

B. Quand Marie demande à Lulu si les bébés ont une âme dans le ventre de leur mère, celle-ci lui répond qu'il faudrait d'abord que leur mère en ait une. Dites quelle aurait été votre réponse et défendez votre position.

C. Un soir que Paul demande à sa femme de l'aimer et que Marie se refuse, Pierrot est témoin de la scène. Paul sort et Marie enjoint son fils d'aller se coucher. "(...) les hommes qui perdent la guerre, ça devient méchant comme les taureaux blessés" dit Marie. Dites ce que vous pensez de cette métaphore et si elle vous paraît justifiée.

D Peut-on condamner Marie sans approuver les lois d'exception de Vichy? Peut-on l'absoudre sans renoncer à tout critère moral? Si on peut la comprendre, peut-on approuver son conformisme social? Ou la rejeter, la condamnant à demeurer héroïquement dans sa condition sociale d'origine?" O.S. dans OCFC du 21 sept. 1988. Répondez à ces questions en défendant votre point de vue.

E. Paul s'étonne de ce que Marie vient de lui dire:
   - 'y a vraiment qu' toi pour avoir une chance pareille! Gagner une oie à la loterie!
   - J' trouve pas qu' j'ai tant d' veine que ça!"

   Commentez ces réflexions de Paul et de Marie.

F. En réfléchissant au sort de la jeune femme enceinte qui s'est réfugiée chez sa mère, nous avons parlé du privilège naturel que

constitue l'initiative qui soustrait la femme de l'assujettissement.
Dites quelles sont selon vous les initiatives que peuvent prendre les
jeunes femmes d'aujourd'hui pour s'assurer le contrôle de leur
propre avenir.

VINCENT, FRANCOIS, PAUL
ET LES AUTRES

■ ■

"Tout cela constitue une oeuvre singulièrement révélatrice de
'l'air du temps' propre à la petite bourgeoisie dans la France de
1974, une oeuvre que cette grande qualité hisse au niveau des
meilleurs films de l'âge d'or du cinéma français."
François Maurin, L'Humanité, 6 octobre 1974.

un film de Claude Sautet
avec
Yves Montand (Vincent) et Stéphane Audran (Catherine),
Ludmilla Mikael (Marie) et Michel Piccoli (François),
Marie Dubois (Lucie),
Serge Reggiani (Paul) et Antonelle Lualdi (Julia),
Gérard Depardieu (Jean) et Catherine Allégret (Colette),
et Umberto Orsini (Jacques)

Expresssions utiles

Etre con/conne: être sot/sotte.
François reproche à sa femme Lucie de ne pas avoir fait attention au
feu allumé près de la cabane:

- T'aurais dû au moins surveiller, faire attention!
- J'ai pas pu. J'ai rien surveillé et je suis conne. Voilà!

Travailler au centième de millimètre: travail très précis.
Paul et François sont chez Vincent:

- J'ai une machine terrible. Tu travailles au centième de millimètre avec ça. Seulement, faut la payer. Y t'a dit Paul?

Etre embêté: avoir des ennuis.
Vincent à Paul et François à propos de son divorce:

- Alors il me faut des lettres. Je suis embêté de vous demander ça, mais sinon à qui j' vais demander?

Se situer par rapport à quelque chose: définir sa position dans une certaine situation.
Etre chiant: embêter/ennuyer.
Paul qui écrit répond à François qui l'interroge:

- Attends! Pour l'instant j'ai mis la date. J'essaie de trouver une formule qui me situe par rapport à lui.
- Oh, il est chiant! Merde!

Etre faussé: dans ce contexte, être très embarrassé.
Une traite: un paiement à effectuer à une date donnée.
Vincent à Jean:

- Cette fois j' suis faussé. Il faut que je trouve treize millions dans trois jours et j' les ai pas. Une traite que j'ai pas payée à Becaru. Il avait promis de la reporter parce que la machine avait été livrée en retard; et puis maintenant, ben...il reporte pas. En plus la L.M.C. a annulé sa commande.

Sauter: dans ce contexte, péricliter.
Jean questionne Vincent:

- Alors, bon. Si tu paies pas y s' passera quoi?
- Je saute!
- C'est pas possible ça! On saute pas pour une traite!

Un salaud: un homme méprisable.
Vincent indique à Jean où il faut se rendre:

- Bon; on va?
- Chez Armand. Non. Chez Becaru. Y s'ra pas là, mais y aura son fondé

de pouvoir et comment y s'appelle ce p'tit salaud là?

Tenir une cuite: être complètement ivre.
Clovis à Vincent qui essaie de s'intéresser aux transformations:

- Dis donc, t'aurais pas vu Armand?
- Armand? Non. Mais Paul qu'est-ce qu'il tient!

Remarque: Clovis ne mentionne pas qu'il s'agit d'une cuite. Il est courant que l'objet du verbe soit sous-entendu parce que tout le monde se comprend.

Coucher à droite et à gauche: coucher avec n'importe qui.
Tourner rond: aller bien/correctement.
Jacques questionne Vincent:

- Elle est belle Lucie, hein? Plus qu'avant! Il paraît qu'avec François ça tourne plus très rond...
- Y paraît.
- C'est vrai qu'elle couche à droite, à gauche?
- Y paraît [haussement d'épaules de Vincent].

Taper quelqu'un: demander de l'argent à un proche ou à un ami.
Lucie à François:

- Il en fait une drôle de tête Vincent!
- Oui.
- Qu'est-ce qu'il a ?
- Des ennuis... de fric.
- Vincent?
- Eh! Vincent. Il a essayé de me taper.
- Beaucoup?
- Je ne sais pas.
- T'as même pas demandé?
- Non.
- Salaud!

Etre coulé: faire banqueroute.
Vincent chez sa femme:

- J'ai neuf millions à... si je les ai pas demain, je suis coulé. C'est tout.
- Tu peux pas les trouver, toi?
- Moi. J' trouve plus personne nulle part. Ça m'était jamais arrivé. Et quand ça arrive, c'est le désert.

Etre mal fichu: ne pas se sentir dans un état normal.
Vincent à sa femme:

- (...) oh, j' sais plus ce que je veux. J'avais besoin de te voir, de te parler. Tu comprends? Mais j' vais m'en sortir hein? Heu... tu m' connais! Tu vois, rien que de t'en avoir parlé, là, j' sais pas comment j' vais faire, mais c'est pas possible que... non! Et puis, tu m' vois un peu mal fichu parce que bon, avec toi, j' me gêne pas, mais tu vois... T'inquiète pas!

Casser une relation: rompre/ne plus se voir.
Vincent à Armand au restaurant:

- J'ai vu Marie qui partait. Elle n'a même pas...
- Oui, elle est venue prendre ses affaires. On a cassé.

Se faire descendre: se faire tuer.
Paul à François quand tous les amis reconstruisent la cabane.

- Enfin Jean a certainement une chance!
- Une chance de se faire descendre, oui. Jean il est très bon. C'est un styliste. Mais l'autre, c'est un tueur! J' le connais! J' l'ai vu y a deux ans au Palais des Sports contre un styliste justement qui les prenait... comment y s'appelle? Hamadoul! Hamadoul, voilà! Eh bien Hamadoul il a pas fait deux rounds. Sur une civière il est rentré aux vestiaires. Comme y dit, c'était un massacre. Il a plus reboxé le mec!

Aller un peu loin: exagérer. Au sens figuré: être trop franc.
Vincent s'adressant d'abord à François et ensuite à Paul:

- Tu deviens emmerdant là, François! Fous-lui la paix, à la fin!
- J'ai l'impression que j'ai été un peu loin(...).
- Remarque que d'un côté si on t'embêtait tous les dimanches avec ton bouquin, tu serais bien obligé de le finir!

Laisser quelque chose sur les bras: mettre quelqu'un dans l'embarras en lui laissant la charge de sérieuses responsabilités.

Vincent à Jean en parlant d'Armand:

- (...) et au bout de quatre ans on avait tout remboursé. Et alors c'est là qu'Armand a voulu avoir son affaire à lui, avec en plus sa menuiserie industrielle; et il m'a laissé l'atelier sur les bras. Moi je pensais épater Catherine, tu penses! L'épater avec des machines! Alors j'ai tenu. J'ai tenu, et puis j'ai dit avec Armand... ça c'était passé sans.... Armand, tu sais, toujours impeccable!

D'un seul coup: soudain, sans se rendre compte que quelque chose va arriver.

Vincent dans le cabinet médical de François:

- Je te remercie François. De toutes façons ça n'aurait pas servi. J'ai plus l'affaire.
- Plus rien?
- Non, rien. Plus de dettes, mais plus d'argent, plus de travail, rien. Rien du tout!
- Mais ça t'es pas arrivé d'un seul coup?
- Oh, non! Ça remonte à... tu sais, depuis que j'ai perdu Catherine....

Faire du chiquet: faire semblant. Prétendre.

Au cours du match le docteur regarde l'oreille de Catalo:

- C'est peut-être du chiquet... c'est fini!
- Jean Lavallée, vainqueur par knock-out technique.

S'envoyer des fleurs: se vanter de qualités exceptionnelles.

Vincent à Jean à la sortie de l'usine où il travaille:

- Oui, alors là, évidemment, j'commence. J'ai un p'tit pourcentage, mais... si tu voyais comment ça marche! C'est pas pour m'envoyer des fleurs, mais comme on dit.... Mais y a d' l'avenir! Mais et toi, alors; qu'est-ce que tu vas faire à Bordeaux? J'y comprends plus rien!

Aspects Culturels

Ce film s'est inspiré du roman de Claude Néron intitulé *La Grande Marrade* (Ed: Grasset). N'y ont participé que des grands noms de la scène et du cinéma, ce qui accentue le naturel des dialogues et des situations. Les réactions des personnages semblent authentiques, et définissent le fond mental et gestuel du Français moyen. Ceux-ci présentent dans un microcosme réduit la "chronique lucide et sensible d'une génération vue par un grand directeur d'acteurs[1]."

Ce sont les hommes qui toujours occupent le devant de la scène. Si les femmes ne font que les accompagner (dans le sens le plus stricte du terme), elles incarnent par leur présence des valeurs de soutien et d'amour indispensables au bonheur de l'homme qu'elles aiment. L'histoire est celle d'une amitié qui éclaire les participants et ne les révèle qu'à travers les relations qu'ils entretiennent. Tous sont dans la cinquantaine (excepté Jean), et furent des amis de longue date.

Vincent, qui est interprété par Yves Montand, n'est que la transposition de l'acteur (de l'homme devenu fiction), que tous les Français ont connu depuis la dernière guerre mondiale[2]. C'est aussi le patron d'une petite entreprise qu'il a montée avec le père de Jean et avec Armand. Il semblerait qu'ils aient été trois jeunes copains ambitieux, capables de se compléter pour s'engager dans une même entreprise de menuiserie. Pour des raisons qui ne sont pas précisées, le père de Jean fut le premier à la quitter, puis Armand quatre ans après, quand les dettes furent remboursées.

Pour amortir leur investissement en si peu de temps, nous devons croire qu'ils étaient à eux trois sérieux dans tous les domaines (gestion, rentabilité, comptabilité, maintenance, satisfaction et augmentation de la clientèle, etc.). Ce qui justifie la réflexion faite par Vincent: "On s'est bien battu." Nanti de son expérience, Armand voulut monter sa propre affaire "avec en plus sa menuiserie industrielle." L'histoire nous indique en outre qu'Armand était en mesure de prêter à Vincent trois ou quatre millions dans les trois jours. Son entreprise a donc réussi, alors que celle de Vincent est entièrement hypothéquée, et qu'il doit emprunter de l'argent, pour payer une traite signée lors de l'achat d'une nouvelle machine. Quand il consulte son comptable, celui-ci lui indique que sur les 71 millions qu'il doit payer (sans compter ce qu'il peut devoir d'impôts sur le chiffre d'affaires), il n'a que 24 millions de rentrées. C'est la connaissance de ces chiffres qui le décide à vendre son affaire. Il se retrouve sans travail et sans argent, obligé de solliciter de l'embauche dans l'entreprise d'Armand. Au lieu de le salarier, ce dernier le prend au pourcentage, ce que Vincent interprète comme une faveur, et ce qui implique que le paiement est en fonction du travail accompli. Si Vincent repart à zéro à la fin du film, c'est parce qu'il n'avait pas les qualités requises pour faire un chef d'entreprise[3]. "Il m'a laissé l'atelier sur les bras" dit Vincent; pourtant il reconnaît aussi qu'Armand "est toujours impeccable[4]", puisqu'au moment de leur séparation les dettes étaient toutes remboursées; et nous sommes autorisés de penser que Armand dut aussi laisser à Vincent le temps de lui rembourser sa part de l'entreprise. Il dut sans doute lui-même recommencer à zéro, et il a réussi. Vincent qui bénéficiait d'une entreprise toute montée avec une clientèle établie, a périclité. Armand était un gagnant, Vincent était un perdant.

Il semblerait que Vincent ait misé pendant longtemps sur sa réputation. C'est ce que nous laisse penser l'étonnement de sa femme quand Vincent vint lui dire qu'il ne trouvait plus personne pour lui prêter de l'argent, et les remarques de son beau-père (Georges), quand il le surprend endormi chez sa fille. "Faut pas que vous vous laissiez aller (dit-il). Moi, j'ai toujours aimé votre côté... oh! quand on disait Vincent!" La réputation dont Vincent bénéficiait était basée sur le succès d'un commerce qu'il n'avait pas été seul à créer, et celle-ci négligeait de regarder ce qu'il devenait. Si Vincent avait eu les qualités d'un entrepreneur sérieux, il aurait demandé les chiffres à son comptable avant de commander une nouvelle machine, et il se serait assuré de la fermeté des commandes qui lui étaient faites avant d'engager d'autres dépenses. Vincent incarne une forme d'idéal social auquel le Français de modeste extraction aspire (s'élever, gagner beaucoup d'argent pour être respecté dans la société), alors qu'il ne sait diriger ni sa pensée ni ses efforts. Plus intéressé par sa popularité que par son travail, Vincent reflète une image qui n'a aucun rapport avec ce qu'il vaut. Marie nous décrit le Vincent qu'elle réprouve quand ils se disputent: "Tout ce qui n'est pas toi, tu t'en fous. La vérité c'est que tous les autres tournent autour de toi. La terre et tous les autres." Marie le quitte sans le connaître véritablement, parce que la plupart des hommes cachent ce qu'ils sont vraiment sous toutes les latitudes, seuls conscients de leurs faiblesses et de leur vanité[5]. De plus, Vincent est naïf, quand il va voir le fondé de pouvoir, pour lui faire admettre comme valables les conditions verbales qu'aucune écriture n'avait entérinées. Sa colère gestuelle en cette occasion ne justifie pas son argument[6]. Mais il devient réaliste lorsqu'il comprend que les banques "prêtent trois parapluies quand il fait beau [et] pas quand il pleut." Vincent a appris par l'expérience ce que d'autres apprennent dans les livres d'école.

C'est à tous ses copains financièrement nantis qu'il s'adresse pour payer sa première traite qui est en retard. Armand l'aide un peu à la hauteur de ses moyens, François, pas du tout (il ne proposera de l'aider que quand il le soignera dans son cabinet). C'est sa femme Catherine qui visiblement l'aime encore, qui lui trouvera l'argent dont il a besoin. Elle retardera son départ pour aller le voir à l'hôpital quand il aura sa crise cardiaque. Enfin c'est parce qu'elle l'aime qu'elle l'avait quitté, pour le laisser libre d'aimer Marie. Elle est toujours là pour lui, et les qualités qu'elle incarne (abnégation, amour et générosité), sont aussi celles de Julia (la femme de Paul), et peut-être aussi celles de Myriam (la femme de Clovis)[7]. Les femmes assurent la stabilité dont les hommes ont besoin pour s'accomplir. L'amitié que les hommes partagent est devenue avec le temps une complicité de couples, hors de laquelle il n'y a plus que la solitude.

Deux êtres qui se sont aimés et qui ont vécu ensemble pendant de nombreuses années, peuvent partager et comprendre les problèmes qui se posent à l'un d'eux. Mais quand Vincent dérange son ex- femme très tard le soir, sa visite est abusive et sans-gêne. Sa seule excuse (si c'en est une) est d'avoir été ivre au moment où il la faisait, bien qu'il ne le fût pas au point d'être irresponsable. Il savait que sa femme demandait le divorce, et il aurait dû penser qu'elle n'était peut-être plus libre de le recevoir. Malgré les angoisses qui l'assaillent, Vincent en cette occasion fait montre du même égoïsme qui habite les enfants qui ont mal grandi. Ce n'est que lorsque tout lui échappe qu'il valorise le bonheur que Catherine lui apportait. Son insouciance passée est inexcusable.

Les difficultés de Vincent sont celles que rencontrent tous ceux qui, partis de rien et mal préparés, n'ont pas eu la flexibilité d'adaptation qu'apporte la connaissance. Ceux qui réussissent sont tenaces dans leurs efforts, et donnent une sorte de priorité à leur travail (sans pour cela renoncer à aimer ou à être simplement humain). Car l'amitié que partagent Vincent, François, Paul et les autres n'est rien d'autre qu'un humanisme cultivé par l'expérience, avec ses dissentiments et ses moments de joie. Si Vincent cache ses défaites à ses amis, la vie se charge de leur découvrir qui il est. Sans même se poser de questions, ils l'acceptent et lui accordent dans la mesure du possible leur coopération. Cet esprit appartient à chacun d'entre eux, et c'est de là qu'ils tirent leur beauté. Nous les vîmes surmonter la difficulté de s'entendre dire la vérité chez Paul (fût-elle âpre et cruelle) lorsqu'ils sont à table, et pendant la reconstruction de la cabane. Non seulement ces épisodes éclairent pour l'observateur le chemin tortueux que prend parfois l'amitié, mais ils lui permettent aussi de mesurer les sacrifices individuels que chacun accepte de faire, pour que celle-ci perdure.

Vincent échoue sur tous les tableaux, sentimental, professionnel, et individuel, puisque sa santé chancelle à la mi-parcours, sauf sur le tableau de l'amitié que perpétue la dernière image du film.

François n'échoue que sur le plan sentimental. Il est allé à l'école, il s'est adapté aux circonstances qui pouvaient lui ouvrir les portes du succès, il a bien préparé son avenir. Il a fait preuve de sagacité, de courage et de discipline. Dans le cadre des rencontres amicales, il est parfaitement intégré, malgré une pensée critique nettement supérieure, que seul le spectateur semblerait remarquer. La nature de ses désaccords émane plus des différences qui existent entre son sens des réalités et l'idéal auquel ses amis auraient aimé le voir s'identifier. Ne serait-ce pas révéler (au niveau matériel) une certaine forme de jalousie silencieuse de la part de ceux pour qui le succès n'existe pas, ou se manifeste laborieux et pénible? C'est sans doute cette jalousie sourde qui poussera Vincent à proposer son entreprise à Farina plutôt qu'à Becaru, et Paul à reprocher à François (avec l'approbation muette des convives) d'avoir substitué une clinique toute blanche à l'Etoile, plutôt que de multiplier les dispensaires de banlieue pour soigner les pauvres gratuitement. Le succès n'est pas gratuit; le sarcasme est aussi le prix qu'il faut pardonner au nom de l'amitié, comme dans toutes les grandes familles.

Dans le train qui ramène tous les amis de Jean à Paris après son match avec Catalo, François dit à Vincent que Lucie le quitte pour aller vivre avec Jacques à Vaugirard. Nous savons peu de choses de Lucie. Nous savons que chez Paul elle ne s'est pas occupée des enfants qui ont mis le feu à la cabane. Quand son mari reçoit des clients, elle confie ses enfants à la bonne ("Je m'en vais. Donnez le médicament à Françoise. Laissez-les jouer et donnez-leur à manger à huit heures. De toutes façons je vous appellerai avant dîner.") Quand la famille rentre après un dimanche passé à la campagne, le couple se dispute:

- Toi tu m'entretiens, mais tu ne me fais pas vivre. Tu ne sais plus parce que tu nous méprises.

- Qui, nous?
- Tous. Tes enfants, tes amis, ta femme. Même ton métier. Tu n'es plus qu'une machine à sous. T'as plus de sang, t' as plus d'air. Alors je respire ailleurs, voilà.

Nous savons que François a monté sa clinique avec deux associés, et nous comprenons le caractère impératif de l'engagement auquel il dut souscrire, pour offrir à sa femme le train de vie qu'il lui offre. François doit travailler pour faire rentrer suffisamment d'argent, pour remplir ses obligations professionnelles d'une part, et pour les nécessités familiales d'autre part. Sa femme vit dans un intérieur douillet et bourgeois, avec une bonne pour l'aider dans son ménage. Elle néglige de reconnaître l'engagement qu'elle avait pris au moment de son mariage, de l'aimer, de le soutenir, et de le suivre dans la voie qu'il se traçait. Peut-être était-elle trop jeune pour savoir que sa nature ne se contenterait pas des valeurs qu'elle adoptait? Peut-être était-elle mal préparée à remplir le rang et le rôle qui sont traditionnellement ceux de la bourgeoisie moyenne? Leur union s'est faite apparemment sur un malentendu: François ne s'était pas avoué qu'il pourrait être tenté d'accéder à un échelon social de bourgeois confortable, et Lucie avait vu en lui un idéaliste communautaire. Ajoutons que lorsque la femme moderne ne sait pas meubler sa vie indépendamment de celle de son mari par une activité professionnelle ou sociale quelconque, elle devient la proie de l'ennui. Jacques la trouve "plus belle qu'avant." Sera-t-elle longtemps plus heureuse avec lui? Peut-être....

François fume dans le couloir du train: "Oh, les enfants, ils vont habiter avec elle. Qu'est-ce que tu veux que je fasse d'eux? Qu'est-ce que tu veux qu'ils fassent de moi? Je les verrai." Hors du cercle familial, François perd certains éléments de sa capacité existentielle, et la séparation crée un fossé (lire "une distance") que le temps risque de consolider. Ainsi se termine l'histoire sentimentale de François et de Lucie que la vie unit pour un temps, le temps de métamorphoser leur premier bonheur en une tragédie, et de la transplanter dans le coeur des enfants. Les parents s'adapteront à leur nouvelle vie, les enfants vivront avec la déchirure de leur séparation. Nous apprenons à la fin du film que les enfants de François partageront le prochain week-end avec leur père; Paul les invite à venir chez lui. Les vieilles habitudes reprendront leur cours, cahin caha.

Paul est l'homme au grand coeur qui invite régulièrement ses amis à venir passer le week-end à la campagne. A vrai dire, sans eux, il se sentirait seul. Il écrit des articles pour vivre, et il a mis en chantier un livre qui ferait suite au roman qu'il publia plusieurs années plus tôt. Il le finira bien un jour ce livre, mais il "n'y arrive plus." Il doit d'ailleurs travailler à une commande qui consiste à écrire les mémoires d'Elia Moresco, la danseuse roumaine qui a une jambe mécanique[8]. Paul vieillit. L'écriture ne répond plus à l'enthousiasme des premiers traits qu'il avait aimé faire, mais plutôt à la seule nécessité de survivre. Il écrit sur commande. La source de l'inspiration tarit. Sciemment ou inconsciemment il compense la fatigue intérieure par des débordements extérieurs qu'il sait mal contrôler.

Lors d'une promenade entre amis il tombe dans la rivière.

> - Ça, c'est la meilleure! J'ai laissé une godasse dedans! J'suis vraiment le dernier des ...[9]
> -Non! Je t'aime! [lui dit sa femme].
> -Ben, j' me d'mande comment tu fais...."

lui répond-il. Quand il est chez Clovis, enivré de bière, il en fait tomber sur la veste de Vincent qui plus tard l'installera dans l'auto que Julia conduira.

Paul est un homme heureux, parce que sa femme et ses amis l'acceptent et l'aiment comme il est; avec son grand coeur et avec ses défauts. Son fils Pierre, travaille dans une boîte. A rien faire. Il attend "de faire quelque chose qui serve à quelque chose." Père et fils éprouvent la même difficulté de vivre. C'est peut-être pourquoi ils partagent la même compassion pour tous les déshérités qui sont à la même enseigne (lire "qui partagent les mêmes préjudices"). C'est en vivant avec les autres qu'ils trouvent leur bonheur, parce que la force du temps et de la vie risque insensiblement de les dépasser. C'est aussi une raison de plus pour cultiver l'amitié, malgré tout.

Jean est le fils d'un de leurs amis que Vincent prit dans son usine pour lui apprendre un métier au cas où il ne trouverait pas de "combat intéressant." Quand ses amis reconstruisent la cabane, il écoute les arguments qu'ils échangent pour savoir s'il doit ou ne doit pas accepter de combattre Catalo. "Quand on a une chance sur mille, il faut la tenter [dit François]. Sinon, on reste à la gare toute sa vie comme Gilbert Pillot[10]." Ce n'est qu'après avoir battu son adversaire par un K.O. technique que Jean comprend ce que pourrait être son avenir. "Y a rien à comprendre [dit-il à Vincent]. J'arrête la boxe et puis c'est tout. Avec toi j'ai appris un métier, et la boxe, c'est pas un métier. En tous cas, pas pour moi! Ça, je le sais depuis Catalo. Alors je vais faire un p'tit stage à Bordeaux, six mois; puis là, j' reviendrai certainement." Jean a compris que s'il voulait faire de la boxe un métier, il lui faudrait s'entraîner avec courage et opiniâtreté.

Il lui faudrait prendre des risques, et c'est en substance ce que François lui disait. Il a tenté sa chance et il a choisi sa destinée. Il fera probablement un excellent menuisier. Il a su reconnaître ses limites et y conformer son bonheur. Au moment où nous apprenons à le connaître, il fréquente Colette qui est caissière dans un magasin. Ils s'aiment et occupent un studio très modestement meublé. Ils s'engageront dans la vie avec six cents mille francs en poche et un bébé à l'horizon. Ils ne seront pas riches, mais ils auront plus que beaucoup de jeunes n'ont pour débuter dans la vie. Un peu d'argent, un amour véritable et des amis qui les soutiennent, Jean a bénéficié des leçons de leurs mésaventures; son bonheur lui appartient.

Nous savons tous qu'il y a dans l'amitié des degrés que nous observons dans nos manifestations. C'est, pensons-nous, une remarque que l'on peut faire à l'égard de la plupart des sociétés dites civilisées. Nous avons vu que l'amitié qui liait nos principaux amis était solide, et prompte à se manifester en n'importe quelle occasion. Nous avons vu Vincent aider Paul qui était saoul à monter dans la voiture, François prêter son manteau à Paul qui était tombé dans l'eau, Jean accompagner Vincent sous la pluie battante chez Becaru, ou l'accompagner chez François lors de sa crise cardiaque. Tous les amis sont présents quand Jean combat Catalo, pour savourer ensemble la victoire qu'ils souhaitent avec la même ferveur. Clovis, qui tient un café, n'est peut-être pas toujours aussi libre de fréquenter ses amis, mais présent ou absent, son coeur est avec eux. Il fait partie de ces autres que le titre annonce sans les identifier. L'amitié qu'ils conçoivent se fait fi des convenances. Rappelons-nous la réflexion de Clovis lorsqu'il aperçoit Vincent qui vient d'arriver dans son café, quand il en inaugure les transformations:

> - Ça me fait plaisir. Ils m'ont dit que tu viendrais peut-être pas. Je me suis dit, salaud!
> - Vous avez tout démoli, là. J' reconnais plus rien!
> - Attends voir. Y a trop de monde. C'est toujours pareil. J'envoie soixante invitations, il en vient trois cents.

Quand Clovis se rend chez Paul le week-end suivant, ce dernier ne se rappelait pas de l'avoir invité. Il arrive au moment où Paul et François essayaient de faire la paix après s'être disputés. "Ah ben, y manquait plus qu' ceux-là!" dit Paul. "C'est toi qui les as invités, l'autre soir" dit François. "J'ai amené ma soeur, j'espère que ça vous dérange pas, hein?" dit Clovis. "Non, penses-tu, au contraire!" répond Paul. Et les nouveaux venus se dirigent vers la maison le sourire aux lèvres, avec deux bouteilles de champagne et des victuailles. Certes l'amitié est un peu onéreuse parfois; mais qu'importe le coût, quand on partage la joie d'être ensemble!

Le style

Si l'intention de Claude Sautet était de nous prèsenter un microcosme de la France des années 70, il ne pouvait mieux nous mettre en garde contre le danger des généralisations. Qu'il s'agisse de Catherine, Julia ou Colette, chacune est l'antipode de Lucie, comme François est celui de Vincent. Ce film est une description objective et sans prétention de ce qui est et de ce que sont les individus, en particulier et en société, divers dans leur ensemble, semblables dans leur esprit, et dans leur coeur, à la recherche du bonheur. "Le métier de vivre et l'homme quelconque, voilà son sujet" précise Michel Flacon (*Le Point*, n° 17, 1974), lorsqu'il parle des films de Claude Sautet.

L'identification des spectateurs avec les protagonistes est sans doute des plus remarquables. Ils voient sur l'écran la réincarnation de leurs propres expériences, et ils réalisent soudain, que ce que chacun considérait n'être qu'une anecdote banale et individuelle, appartient en réalité à un fond commun insoupçonné. Les hommes qui jouent au ballon laissent deviner la même joie qu'ils éprouvaient naguère. Ils ne sont plus que des enfants qui ont trop vite grandi[11]. C'est le rire jovial des uns qui triomphe des maladresses des autres, ce sont les cris, les exclamations, les taquineries, tout cet assortiment d'efforts et de discipline qui animent jeunes et vieux dans une même partie. Les femmes au loin font pendant au tableau. Elles sympathisent, préparent le repas et discutent entre elles, pendant que les enfants s'amusent. Alors que tout semble avoir été mis en place pour le plus grand bonheur de tous, c'est le drame qui surprend. Ce sont les enfants qui ont mis le feu à la cabane; plus tard, c'est la discussion qui s'envenime autour du gigot du dimanche, ou c'est Paul qui tombe dans la rivière quand il fait froid.

Au cours du repas qui se promet d'être joyeux et qui, pour la première fois, doit permettre à Marie de présenter l'homme qu'elle veut épouser à sa famille, c'est la rupture qui se trame entre elle et Vincent. S'il est physiquement présent, l'esprit de Vincent est absent; seul le spectateur comprend le drame qu'il est en train de vivre. Les amants se quittent dans un garage vaste et froid, aussi vide que voudraient l'être leurs coeurs.

Nous savons quel bonheur peut éprouver un ouvrier devant une machine toute neuve. Nous comprenons donc que Jean (que nous avons vu penché sur sa machine avec amour et admiration) ait été surpris et angoissé de voir Vincent se démener, pour trouver l'argent qu'il lui faut. Il reste avec lui et l'aide comme il peut, en lui proposant ses idées et en le conduisant là où il veut aller sous une pluie battante. La pluie dévastatrice tombe sur la terre avec la même propriété que le malheur dans la vie de Vincent. Elle annonce pourtant une renaissance. Leur démarche est pathétique, et la plupart des spectateurs qui, à un moment ou à un autre de l'existence ont traversé des moments difficiles, comprennent la nature de l'angoisse qui les étreint. Des plus grands aux plus petits, ces déconvenues n'épargnent personne. Quand Vincent se dispute avec le comptable de Becaru, les gestes aggressifs du premier et défensifs du second nous font comprendre la nature de l'échange verbal, que nous n'observons qu'en arrière-plan. Parce que les vrais drames restent le plus souvent cachés derrière un écran, avant de paraître en pleine lumière.

C'est aussi derrière une porte vitrée que se profilent les amis de Vincent, quand Catherine lui téléphone qu'elle veut divorcer. Ce que Vincent dit ne laisserait pas soupçonner ce qu'il peut éprouver. Ses paroles sont banales: "Oui, si tu veux... non, non... Oui, moi aussi (regard pénétrant et inquiet de Marie)." Ce que Vincent ressent peut être lu sur son visage, dans son regard qui se veut neutre, et dans les paroles qu'il ne prononce pas.

C'est en cela que nous lui ressemblons, et c'est pour cela que nous le comprenons. Ce n'est qu'à la fin du film qu'il dira à Catherine qu'il l'aime. Quand ce sera trop tard. Quand les copains se séparent après un dernier repas au restaurant, Vincent remarque:

> - (...) et puis... tu t' rends compte, si Catherine revenait? Remarque, j' dis ça, mais un jour ou l'autre, on sait pas, hein? Non, je disais, si Catherine revenait... on sait pas avec la vie!

Le coeur ravagé et le sourire aux lèvres Vincent continuera à espérer, à attendre, et à cacher sa peine, comme nous le ferions, comme nous l'avons fait ou comme nous le ferons.

Les mêmes observations pourraient être faites à propos de François, lorsqu'après le match de boxe, il téléphone à sa femme qui lui apprend qu'elle le quitte. Même scénario de dissimulation, et apparence de vie que rien ne pertube. Nous cachons tous nos défaites ; mais il arrive que nous les cachons mal. Surtout lorsqu'on manque d'entraînement à le faire. François semble en toute occasion posséder la même maîtrise. C'est aussi une question de discipline. La seule fois où nous le voyons perdre le contrôle du langage est celle où, sous l'effet de la colère, il se rue sur sa femme pour l'aimer après l'avoir battue, dans l'intimité de la chambre à coucher. S'il lui arrive d'être parfois vulgaire, sa capacité à s'exprimer n'est jamais altérée.

Vincent nous a paru tout autrement. Nous avons eu l'occasion de souligner les contradictions inhérentes à son discours quand il parle de sa collaboration avec Armand (voir plus haut). Ecoutons ce qu'il dit à sa femme Catherine quand il lui rend visite au milieu de la nuit. Il est gêné parce qu'il ne l'avait pas vue depuis longtemps. Sa gêne se remarque tout de suite au niveau de l'élocution:

- Mais, tu n'étais peut-être pas seule.
- Non, mais maintenant, oui.
- Ah, bon. Quand même, excuse-moi, je... j'avais oublié que... évidemment... [un pot de fleur a failli tomber par sa maladresse]. T' as changé heu... quelque chose. [Il remarque la couleur de ses cheveux]. Plus foncé, hein?
- Oui.
- Oui, c'est ça. C'est bien. C'est très bien. Oui... ça fait tellement heu... attends. La dernière fois, c'était au... quand on a fait ces jeux idiots, là... c'était... oui, alors j'étais chez Clovis... mais ça, je t'ai déjà dit. Alors tu sais je... j' savais pas où aller... non, quand j'dis j' savais pas où, j'voulais te voir, quoi.
- Tu me vois.
- Oui.
- Tu as bu.
- Non.
- Tu veux du café?
- Oui[12].

Si la situation de Vincent nous paraît compréhensible, et si nous compatissons à ses problèmes, son incapacité mentale à recevoir les coups du destin le rend plus pathétique. C'est tout une humanité qui s'exprime à travers lui, une humanité qui le grandit à nos yeux. Il fait des erreurs, il a été faible, mais il souffre. Il se rend compte qu'il était vulnérable, comme nous le sommes tous. C'est parce que Claude Sautet a su nous montrer son désarroi que nous croyons en son personnage, et que nous lui accordons notre sympathie. C'est en cela que le réalisateur a transformé l'image cinématographique en une réalité vécue, et c'est aussi ce qui lui a valu les meilleures louanges. Il a su donner à l'homme sa vraie dimension, tout en la sublimant.

Les grandes joies peuvent aussi avoir le même effet au niveau de la parole. Considérons ce que dit Georges (le père de Catherine), lorsqu'il surprend Vincent endormi: "Faut pas que vous vous laissiez aller! Moi, j'ai toujours aimé votre côté... Oh! Quand on disait Vincent!..." Georges vit avec le passé et avec les souvenirs qui y sont attachés. L'admiration qu'il éprouve pour son gendre ne veut pas tarir. Il n'est pourtant qu'un petit retraité qui va s'acheter une petite maison dans le midi, pour y couler le reste de ses jours heureux. La modestie de ses moyens ne l'empêche pas d'être généreux envers l'homme qu'il estime encore et qu'il aime. Son enthousiasme se révèle dans les exclamations et les points de suspension, qui laissent deviner les mots qu'il ne sait pas trouver sous l'effet de l'émotion. Ce qu'il aurait voulu dire reste sous-entendu: j'aime votre dynamisme et votre façon positive de voir les choses. Vous avez été une inspiration. Une remarque s'impose: la situation financière de Vincent a commencé à décliner quand Catherine l'a quitté. C'est Catherine (et son père par personne interposée) qui aident Vincent à s'en sortir au moment de payer les treize millions. Ce détail ajoute une autre dimension à l'égoïsme de Vincent et à son irresponsabilité, car il est fort possible que ce soit eux qui dans le passé l'aient aidé (comme ils le font aujourd'hui) à sortir d'une mauvaise passe (période d'ennuis).

Tout ceci nous permet de constater qu'au niveau du langage, le cinéaste peut aussi bien que l'écrivain tirer parti des figures de style dont il dispose. L'image peut sembler éphémère. Elle est rapide. Plus rapide que ne le sont celles des livres que l'on peut facilement retrouver pour les étudier. Mais les tableaux des films (malgré leur fugacité, et lorsqu'ils sont bien pensés et montés), permettent de donner plus de vie et de couleur à l'enseignement qu'ils dispensent. C'est au spectateur (comme le fait le lecteur), d'en saisir les nuances.

Nous ne ferons que mentionner le jeu des lumières qui accentue les contrastes; notamment ceux des couples que forment Marie et Vincent d'une part, et François et Lucie de l'autre. Ils rentrent en voiture chez eux, et tandis que l'un des couples s'embrasse, l'autre se dispute. Pourtant, tous deux finiront par se séparer. Le premier d'abord, et le deuxième à la fin du film. En cela, Claude Sautet semble vouloir nous montrer (sans nous le dire expressément) l'ironie du destin, qui ne cesse de nous surprendre.

Notes

1. *Cahiers du Cinéma*, numéro 519 du 1er novembre 1974. A propos de Claude Sautet, Anne de Gaspéri remarque dans *Le Quotidien de Paris* du 1er octobre de la même année qu'il "poursuit en solitaire l'examen minutieux de l'humanité aux prises avec les menus détails des choses de la vie." Claude Sautet est le réalisateur d'un film du même titre.

2. Yves Montand et sa femme Simone Signoret ont toute leur vie été très proches du Français populaire pour avoir milité activement au parti communiste, et pour avoir représenté ouvertement et inlassablement une idéologie basée sur la solidarité fraternelle. Les militants de la gauche ont voulu voir dans leur succès le symbole des valeurs individuelles et sociales qu'ils revendiquaient, et l'incarnation de cette population de masse que constitue la France profonde.

3. Et c'est pensons-nous ce qu'Armand avait compris en travaillant avec lui, et ce que le père de Jean avait peut-être compris avant lui, puisqu'il partit le premier. En l'intéressant aux bénéfices par le pourcentage Vincent est seul maître et initiateur de son succès. Ainsi Armand ne trahit pas les obligations qu'a pu forger l'amitié partagée pendant de longues années.

4. Ne nous étonnons pas de la contradiction de Vincent qui a presque toujours du mal à s'exprimer. Voir dans le chapitre sur le style le rôle des points de suspension comme illustration de son incapacité à dire clairement ce qu'il ressent. Ceci peut être comparé à l'usage du "heu..." dans la conversation de bon nombre de Français, à qui échappe le terme exact pour exprimer leur pensée. Ce phénomène linguistique n'est pas spécifiquement français.

5. A ce propos relevons le fait que Vincent cachait à ses amis que c'était Catherine qui l'avait quitté. Chez elle, il dit qu'on lui avait fait une proposition fantastique pour son usine, alors que c'est lui qui l'avait proposée à Farina pour ne pas la vendre à Becaru, à qui il devait de l'argent, et qui le lui réclamait. Jusqu'au dernier moment il a aussi caché à son entourage que son usine était entièrement hypotéquée.

6. Ce comportement du Français (arrivé ou pas) et que l'éducation n'a pas formé, se retrouve dans de nombreux films. Nous avons aperçu Michel le garagiste dans *Coup de foudre* (interprété par Guy Marchand), détruire le magasin de sa femme. Nous le voyons aussi dans le tenancier du café (interprété par Gérard Depardieu) dans le film *Uranus*. Ces traits celtes, gaulois ou barbares (nous faisons ici allusion aux invasions qui eurent lieu au cinquième siècle), peuvent être encore apparents chez beaucoup de Français que l'instruction civique n'a pas marqués de son empreinte.

7. Citons la réflexion qu'elle fait en se promenant chez Paul dans le parc:
"J'suis sûre que Clovis me trompe de temps en temps. Mais à partir du moment
où j'le sais pas, quelle importance? Moi, j'suis comme ça!"

8. Le spectateur se rend compte de l'inutilité du projet qui lui a été confié, et
s'étonne qu'il en parle à ses amis. Quand François réagit à la critique sarcastique
et méchante de Paul lorsqu'ils sont à table, il ne manque pas dans sa colère, de
mentionner le ridicule de ce projet. Il s'écrie: "Non, mais j'vais pas entendre des
conneries toute ma vie! Recevoir des gens ici jusqu'à la fin des temps! Ecouter un
écrivain qui n'écrit rien, un boxeur qui veut pas boxer, des bonnes femmes qui
couchent avec n'importe qui, merde! Et quand on sera partis, celui-là qui va rester
avec sa danseuse qui a une jambe mécanique. Qu'est-ce que j'en ai à foutre?"

9. Il est courant de dire "le premier des cons."

10. C'est le héros du livre que Paul écrivit trente ans auparavant. L'histoire se
terminait avec l'image de Gilbert Pillot tapi derrière une barricade à la Gare du
Nord. Il allait tirer, le doigt sur la gâchette, avec dans sa ligne de mire deux SS
qu'il ne voyait que de dos.

11. Le caractère enfantin des jeunes adultes est révélateur quand les invités
partent de chez Paul, et que Vincent s'aperçoit que ses amis ont (histoire de lui
jouer un tour) débranché la batterie de son auto.

12. L'élocution de ce passage est semblable à la façon qu'il a de s'exprimer
quand il raconte ses déboires à sa femme: "Moi, j'trouve plus personne nulle part.
Ça m'est jamais arrivé. Et quand ça arrive, c'est... le désert. Tu peux pas ouvrir un
peu la fenêtre? Là... j'te dis ça... j'sais bien qu'tu peux rien faire, mais j'voulais
seulement heu... oh, j'sais plus ce que je veux. J'avais besoin de te voir, de te
parler, tu comprends? Mais je vais m'en sortir, hein; tu m'connais! Tu vois, rien
que de t'en avoir parlé là, j'sais pas comment j'vais faire, mais c'est pas possible
que... bon, avec toi j'me gêne pas, mais tu vas voir... t'inquiète pas!

Devoirs

A. Faites des phrases illustratives des expressions suivantes au sens figuré:
taper quelqu'un - se faire descendre - faire du chiquet - s'envoyer des fleurs - laisser quelque chose sur les bras - tenir une cuite - sauter - couler.

B. "Quand les historiens du cinéma auront fini de disséquer ce chef-d'oeuvre dans leurs manuels, ce sont les sociologues qui s'en empareront, car notre monde est caché dedans, cruel et fraternel, pitoyable et merveilleux."
Pierre Billard, *Journal du Dimanche*, 13 octobre 1974.

Quels sont les épisodes qui selon vous associent la cruauté à la fraternité et le pitoyable au merveilleux?

C. Paul définit avec sarcasme la philosophie moderne:

-Ben, c'est François qu'a raison! Ceux qui n'ont pas d'argent ils n'ont qu'à s'arranger! Ou pour en avoir, ou pour s'en passer! C'est pas pour emmerder les autres! Qu'est-ce que ça veut dire "s'adapter"? Ça signifie quoi? Ça signifie vivre avec son temps. Savoir bouger avec la société, comme François. Naturellement, une seule devise: pour changer de vie, changez d'avis, hein? Ah autrefois c'était autre chose! Fallait pas rire avec le progrès social, sinon on s' fâchait! Seulement c'était la grande époque: dispensaires, créons et multiplions les dispensaires de banlieue, nous devons soigner les pauvres gratuitement.
- La science n'est pas à vendre!
- Nous sommes au service du monde, etc... etc.... Voilà ce qu'on entendait à Maison-Alfort dans les années 50. Et puis alors, je n' sais pas c' qui s'est passé, là, tout à coup, coup de baguette. Plus de dispensaires dis donc, et à la place une clinique toute blanche à l'Etoile. Nous sommes au service du monde, mais du beau monde. C'est ça l'évolution urbaine, mon petit garçon. Les autres y n'ont qu'à s'installer plus loin. C'est ça s'adapter. T'as compris?

Commentez l'esprit de ce passage en présentant votre point de vue.

D. Faites le portrait moral d'Armand d'après ce que nous dit Vincent de son passé, et d'après son comportement dans le cours de l'histoire.

E. A la fin du film Vincent explique ce que sera sa relation avec Marie. Commentez ce qu'elle fut (ce qui motivait Vincent et ce qui motivait Marie), et dites ce qui selon vous a pu modifier sa perception des choses de la vie.

CONCLUSION

La culture est un amalgame de valeurs situé dans un cadre géographique assez restreint. Elle traverse le temps et les régions, comme le sang irrigue les différents muscles d'un corps. S'il est caractéristique de dire que les Français en général aiment le bifteck/frites, il serait dangereux de dire empiriquement qu'ils se ressemblent tous. Les quelques films que nous avons étudiés ont mis en scène tout un éventail de personnages, de la plus tendre enfance jusqu'à un âge avancé de l'existence. Il ne s'agissait que d'un aperçu, capable de familiariser le spectateur avec la façon de penser et de vivre des Français de tous les jours.

Les thèmes que nous avons relevés sont nombreux. Nous avons observé avec peine et ravissement les enfants découvrir les tenants et les aboutissants de la vie, les jeunes éprouver la difficulté de vivre et de choisir entre le bien et le mal, l'espoir et le découragement, les adultes s'amuser et s'aimer en s'entredéchirant, bref tout un peuple se croiser, solidaire dans son appartenance (qu'il s'agisse de pays ou de classe). Si le Français peut être aussi perçu comme un amas de contradictions, la force de sa vitalité contourne et triomphe des avatars qu'il rencontre.

Beaucoup d'autres films sont imprégnés de ces aspects culturels hérités du passé lointain et immédiat de la France. Parmi ces films nous avons relevé les titres suivants disponibles (à des prix raisonnables), dans le cadre des échanges culturels. Outre les titres classiques que tout le monde connaît, et les titres mentionnés dans le cours de notre étude (soit dans le corps du texte ou dans les notes), plusieurs films méritent que nous nous y arrêtions; notamment, *Les dimanches de la ville d'Avray* de Serge Bourguignon, tourné en 1962 et inspiré du roman du même titre de Bernard Eschasseriaux; *Histoire d'Adrien* de Jean-Pierre Denis, tourné en 1980, *Sans toit ni loi* d'Agnès Varda tourné en 1985, *La vie est un long fleuve tranquille* d'Etienne Chatliez, tourné en 1987, *Au revoir les enfants* de Louis Malle, tourné en 1988, *La fracture du myocarde* (particulièrement recommandé aux classes de lycée) de Jacques Fansten, tourné en 1990, *Uranus* de Claude Berri, tourné en 1990, *Tatie Danielle* d'Etienne Chatliez, tourné en 1991, etc. D'autres films que nous n'avons pas encore vus en cassette vidéo sont remarquables pour leur qualité et pour les thèmes qu'ils illustrent. Nous pensons aux films suivants: *Lacombe Lucien* de Louis Malle, tourné en 1974, *Les Apprentis* de Pierre Salvatori, tourné en 1995, *Chacun cherche son chat* de Cédric Klapisch, tourné en 1995, et d'autres films qui viennent de sortir, que nous n'avons pas visionnés, mais dont la critique paraît prometteuse: *Les Bidochon* de Serge Korber, et *L'âge des possibles* de Pascale Ferran[1]. Nul doute que d'autres films puissent être valables au niveau de l'étude culturelle ou sociale de la France contemporaine; nous avons remarqué par exemple *Le cheval d'orgueil* de Claude Chabrol, tourné en 1980, film que nous avons trouvé exceptionnel pour la fenêtre qu'il ouvre sur la Bretagne traditionnelle, légendaire, et en voie de mutation. Nous n'avons pas vu *Le roi et l'oiseau* de Paul Grimault, tourné en 1979 qui révélerait un contenu poétique à découvrir. *Etat des lieux* de Jean-François Richet tourné en 1994, *Sale gosse* de Claude Mouriéras tourné en 1995, *A la vie à la mort* de Robert Guédiguian tourné en 1995, tous ces films semblent vouloir illustrer des aspects culturels, capables d'élargir la panoplie de ces connaissances qui peuvent être acquises par défaut.

Le Français a été profondément influencé par ses racines, ce qui explique la plupart des tentatives qui ont été faites pour le définir. Nous ne saurions citer toutes les études qui ont paru sur les aspects caractériels du Français, que Daninos a si pertinemment illustrés dans *Les Carnets du Major W. Marmaduke Thompson, découverte de la France et des Français,* Paris: Hachette, 1954, et *Les Nouveaux Carnets du major W. Marmaduke Thompson* parus en 1973. Encore plus récemment parut le livre de Thierry Desjardins *Lettre au Président sur le grand ras-le-bol des Français à propos du faux chômage, des faux malades, de la dilapidation des fonds publics et de quelques autres turpitudes du même acabit* (Paris: Ed. Fixot, 1995). Ce livre montre l'attitude des Français devant la situation économique et sociale du pays. Toute personne soucieuse de la mieux comprendre devrait l'avoir lu. Le ton et la nature des arguments expriment avec véhémence une pensée qui se veut claire, démonstrative, probante, et bien assise. Une pensée qui n'a pas peur de s'exprimer, comme la possède tout intellectuel qui se respecte. Selon le palmarès des livres à lire qui paraît régulièrement dans *L'Express*, plusieurs titres témoignent de la mentalité actuelle en France, et méritent d'être lus.

Le soin apporté à visionner des films néo-réalistes auxquels s'ajouterait une lecture bien choisie, devrait déjà permettre à chacun de s'imprégner suffisamment de la culture française, pour s'en faire une idée juste. Les thèmes que nous avons essayé de saisir parcourent d'ailleurs toute une gamme de chansons de variété, qui témoignent elles aussi de la sensibilité française, de sa culture poétique et philosophique. Les problèmes que nous avons relevés se retrouvent dans les paroles de nombreuses chansons, presque toutes tissées de poésie. Nous pensons au thème de la guerre comme nous le retrouvons dans "Les Ricains" (chanté par Michel Sardou), "Le Déserteur" (chanté par Mouloudji), ou "L'amour et la guerre" (chanté par Charles Aznavour). Nous pensons aussi au thème de la liberté comme nous le retrouvons dans "Le no-man's land" (chanté par Pierre Bachelet), ou dans la très belle chanson du même titre que le thème (chantée par Aznavour). Le thème du bonheur et de la nature est illustré dans "Les hommes cavalent" (chanté par Michel Sardou), ou encore, plus poétique, dans la chanson "Dès que le printemps revient" (chantée par Hugues Aufray). Nous trouvons le thème de la vie parisienne dans "Il est cinq heures, Paris s'éveille" (chanson chantée par Jacques Dutronc que tout le monde connaît) ou encore, le thème de l'amour du pays, comme nous le retrouvons dans la chanson "Douce France" que chantait Charles Trénet. Le thème de la rupture et de la souffrance est présenté dans beaucoup de chansons. Nous pensons à "Solitude" (chantée par Georges Moustaki) et "Petit" (chantée par Michel Sardou); le thème pathétique de la vie nous émeut dans "Prière" (chantée par Georges Brassens), comme celui de la mort dans "Vole" (chanson magnifique chantée par Céline Dion). Ou bien encore, s'il s'agit tout simplement de l'humour, moderne, spirituel ou absurde, nous en relevons le thème dans deux chansons, "Etre une femme" (chantée par Michel Sardou), et "Le gorille" (chantée par Georges Brassens)[2].

Tout le répertoire français témoigne à travers le temps de l'ineffable mémoire culturelle d'un peuple. Les artistes contemporains (écrivains, scénaristes, peintres, poètes et chanteurs), s'inspirent de la pensée et de la vie du milieu qui les a vus grandir et qui les entoure. Leur contribution consiste à refléter dans leurs oeuvres le vécu, dont ils ont été les témoins les plus perspicaces.

Notes

1. Il y aurait bien d'autres films valables, mais nous ne pouvons pas les recommander à cause des défauts que nous avons observés au niveau de l'articulation par trop négligée des acteurs, ou du son.

Nous n'avons pas visionné ces trois derniers films qui ne sont indiqués qu'à titre d'information. De nouveaux titres apparaissent tous les jours; nous ne pouvons que conseiller à tous ceux qui s'intéressent à la culture, de surveiller les organismes qui distribuent les vidéos, et les études publiées qui s'y rapportent.

2. Tous ces titres ne sont donnés bien sûr que comme exemples.